科學大圖鑑系列 04

三角函數

正弦、餘弦、正切

人人出版

　　不知道大家有沒有聽過「三角函數」呢？若是高中生以上的讀者，想必有過被三角函數眾多公式及概念深深困擾的經驗。另一方面，應該也有讀者不太了解什麼是三角函數吧！

　　自古以來三角函數即是便利的「工具」，廣泛運用在測量土地面積或距離。到了現代，三角函數更是在我們生活周遭隨處可見。從每天觀看的電視節目播放、地震解析乃至於手機通訊等，大量技術都藉助於三角函數。

　　本書將搭配輕鬆的四格漫畫和插圖，介紹三角函數的基本概念、起源以及與社會的關聯。透過閱讀本書內容並解答書中問題，即可從零開始學習三角函數。歡迎體驗三角函數世界帶來的樂趣！

觀念伽利略04　正弦、餘弦、正切

三角函數

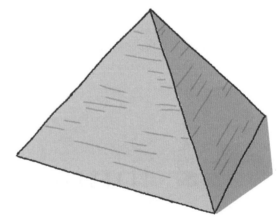

2. 三角函數的基礎

3. sin、cos、tan 的密切關係

4. 建構波的三角函數

0 三角函數是什麼？

為了研究三角形的性質而發展

「sin」「cos」「tan」……相信有許多人在學生時代，為了這宛如咒語的詞彙和算式而煩惱過吧！應該也有人不禁想問：這到底是在什麼時候、什麼場合才會用得到呢？

三角函數，**是為了查明三角形之「角度」和「邊長」的關係而發展出的數學知識**。不過除了三角形之外，這項觀念也利於研究乍看之下毫無關係的「波」之性質。

在波的運用上是不可或缺的

我們的日常生活中，圍繞著光、聲音、電波等各種各樣的波。**想要妥善運用這些波的性質，三角函數是不可或缺的觀念。** 就算說三角函數是現代社會的基礎也不為過吧！關於如此重要的三角函數，在此便一一介紹其歷史、基礎知識以及在物理學和工程上的應用。

三角函數的應用

測量就不用說了，舉凡行動電話、智慧型手機的照相功能、音樂播放、人工語音及醫療儀器等，生活中利用三角函數的技術比比皆是！

原來三角函數在我們的生活周遭隨處可見！

1.三角函數誕生的前夕

三角函數是從怎樣的歷史背景中誕生的呢？讓我們回到古埃及時代，一起看看三角函數的基礎概念吧！為了「測量」各種物品而想出的方法，在未來將連接構成三角函數。

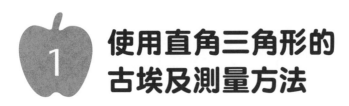

使用直角三角形的古埃及測量方法

從測量土地誕生的「幾何學」

　　三角函數原本是從圖形的相關知識「幾何學」而誕生。 據說幾何學在古埃及是為了測量土地而逐漸發展的知識。在英文中稱幾何學為「Geometry」，這一詞的意思是「測量土地和地球」。

利用繩子圍成的直角三角形進行測量！

　　據說在古埃及，是利用三邊長比例為「3：4：5」的三角形來測量土地 *。將繩子在相同間距上一一打結，**所做的三角形若每邊長比例為「3：4：5」，則此三角形必為直角三角形。** 只要做出直角三角形，便能正確重現直角（90°）。若把土地分割為包含直角的長方形或直角三角形，能更加容易測量土地面積。由此看來，古代的人們已知靈活運用三角形的性質來測量土地。

＊：目前尚未發現任何記錄證實古埃及人使用過3：4：5比例的繩子進行測量。

古代人的測量

古埃及人應有三邊比例為「3：4：5」的三角形是直角三角形的相關知識。據說他們利用其性質,使用繩子和木樁測量土地。

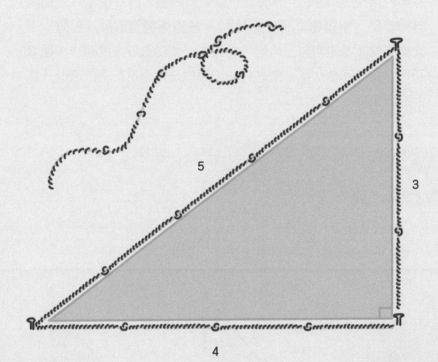

5

3

4

試著將繩子以相同間距打12個結,
做出「3：4：5」的直角三角形吧!

2　三角函數的基礎──三角形的「相似」是什麼？

理解三角函數時不可或缺的「相似」

自古以來，「相似」的概念一直用於測量方面，是構成三角函數的基礎。**所謂相似（similar），是指兩個圖形形狀相同，但大小不同。**若是相似三角形，將其中一個圖形放大或縮小，便會和另一圖形完全一致。由此可知，相似三角形所對應的邊長「比例」皆相同。

來看看相似的三角形

試著畫出邊長比為「3：4：5」的相似直角三角形。
在相似三角形中，對應邊長的「比例」皆相同。

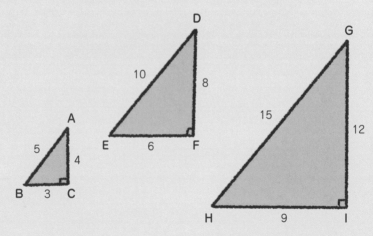

三角形相似的條件為何？

　　請看左下圖的三角形ＡＢＣ（△ＡＢＣ）和三角形ＤＥＦ
（△ＤＥＦ），檢視各個對應邊長比例後可以發現：

　　　△ＡＢＣ底邊：△ＤＥＦ底邊＝ＢＣ：ＥＦ＝３：６＝１：２

　　　△ＡＢＣ斜邊：△ＤＥＦ斜邊＝ＡＢ：ＤＥ＝５：１０＝１：２

　　　△ＡＢＣ的高：△ＤＥＦ的高＝ＡＣ：ＤＦ＝４：８＝１：２

其對應邊長的比完全一致。由此可知，△ＡＢＣ和△ＤＥＦ為相似
三角形。**只要滿足下列三項「相似條件」其中之一，便可稱這兩
個三角形為相似三角形。**

三角形的相似條件（滿足以下條件之一）

① 　3邊比例皆相同。

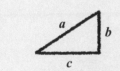

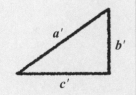

$$a:a'=b:b'=c:c'$$

② 　2邊比例相同且2邊之
　　夾角相等。

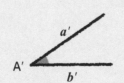

$$a:a'=b:b', \ \angle A=\angle A'$$

③ 　2角相等。

$$\angle A=\angle A', \ \angle B=\angle B'$$

3 利用相似，只需一根竿子就可知金字塔的高度！

哲學家泰利斯也用過相似！

若使用三角形的相似觀念，即使是乍看之下難以求解的問題也能輕易解開。

比如說，古希臘哲學家泰利斯（Thales，約前624年～前547年）在造訪埃及時，據說用了以下的方法求得巨大金字塔的高度。

金字塔的高度為多少？

若竿子從地面算起的高度和其影子長度相同時，金字塔的影子長度（右圖的A＋B）和金字塔的高度也會相同。

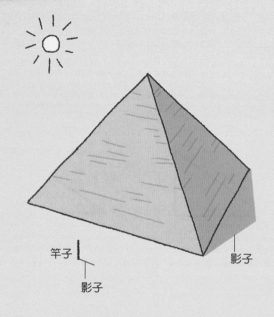

竿子

影子

影子

立竿見影呈現直角三角形！

　　首先，先將竿子垂直立在地面。接著，當竿子從地面算起的高度和竿子產生的影子長度相同時，便測量金字塔的影子長度。**這代表泰利斯認為「竿子和其影子構成的三角形」與「金字塔高度和其影子構成的三角形」是相似的直角等腰三角形。**此時，金字塔產生的影子長度和金字塔的高度是相同的。

只要利用相似的性質，就算是巨大的物體，也能輕鬆測量喔汪！

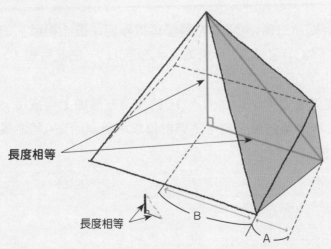

長度相等

長度相等

B

A

利用相似，可知海上的船隻距離多遠！

首先做出相似三角形

據說泰利斯也想出了如何從岸邊正確得知海上船隻位置的方法。以右方圖片為例，假設想知道從陸地上的觀測地點A到海上船隻F的距離。

首先，先畫出連接觀測地點和船隻的直線AF，以及連接觀測地點B和船隻的直線BF。接著再畫出和AF垂直的線，此線和BF之延長線的交叉處為C點。然後從觀測地點B畫出和AC垂直的線，和AC交叉的點當作D點。那麼這樣就能構成三角形AFC和三角形DBC。

利用相似性求距離

三角形AFC和三角形DBC的兩個角相等因此是「相似」的三角形（$\angle FAC = \angle BDC$，$\angle FCA = \angle BCD$）。由此可知，

$$AF : DB = AC : DC$$

上述比例關係成立。DB、AC、DC的長度在陸地上可直接分別測量。從其測量結果，便可透過計算求得觀測地點A和船隻間的距離AF。

船隻距離多遠？

只要做出相似三角形，測量可實際測定的長度，並求其
比例，便能求得所剩邊長——即到船隻的距離。

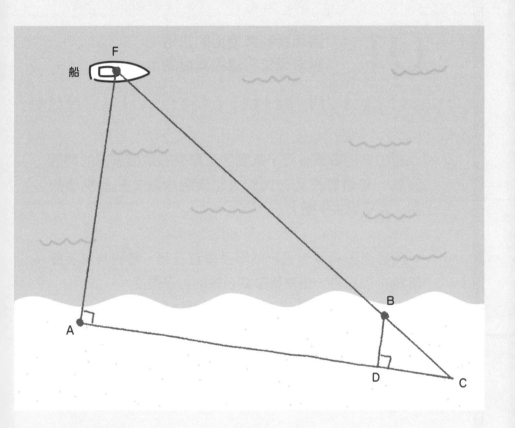

即使不能直接測量，只要做出相似
三角形，就能知道距離啊！

摩艾石像有多高？①

Q1
**回想泰利斯使用的方法，
試求摩艾石像的高度吧！**

吉田參加畢業旅行，來到了以摩艾石像而著名的復活節島。導遊竟然宣布如果大家沒猜中摩艾石像高度的話，就不提供午餐。

於是吉田將長 1 公尺的竿子垂直立起，等到其影子長度為 1 公尺時，便測量摩艾石像的影子長度。

其結果發現，摩艾石像的影子共長 5 公尺。而摩艾石像的中心點（石像頂點的正下方）到石像前端為 2 公尺。那麼，摩艾石像的高度為多少公尺呢？

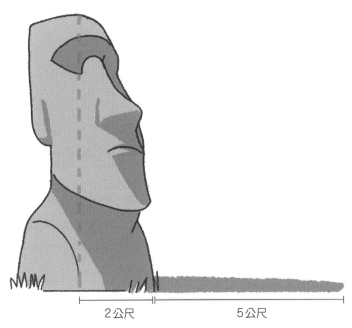

2公尺　　　5公尺

吉田

竿子

1公尺

1公尺

從影子長度可知摩艾石像

A1　摩艾石像高度為 7 公尺

‖‖‖‖‖‖‖‖‖‖‖/‖‖‖‖‖‖‖‖‖‖‖‖‖‖‖‖‖‖‖‖‖‖‖‖‖‖‖‖‖‖‖‖‖‖

　　竿子和影子長度相同。也就是說，竿子和其影子長度構成的三角形，是兩邊長相等的「直角等腰三角形」。

　　而由竿子和其影子構成的三角形，與摩艾石像和石像影子構成的三角形為相似三角形。由此可知，摩艾石像和石像影子構成的三角形也應為直角等腰三角形。因此，摩艾石像的高度，將會和石像中心點到影子最前端的長度相同。

　　摩艾石像中心點到石像最前端的長度為 2 公尺。而石像最前端到影子最前端則為 5 公尺。因此，兩個長度加起來的總長 7 公尺正是摩艾石像的高度。

高度

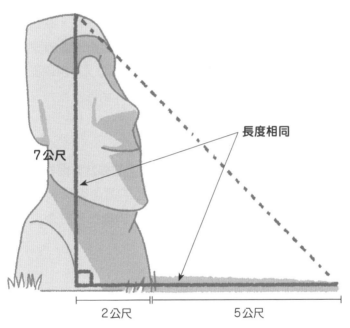

7公尺

長度相同

2公尺　　5公尺

長度相同

▽生活中
的三角形

三角形道路交通標誌之謎

在我們生活周遭的三角形多不勝數。經常看到的三角形當中,「停車再開（停）」的交通標誌也包含在內。**在日本,人們對此三角形號誌已經習以為常,但在國際上的標準圖案為八角形。**這是因為1968年聯合國通過條約《維也納道路交通公約》,「停車再開」標誌的形狀應為八角形,或是在圓形中加上倒三角形。

其實日本直到1963年「停車再開」的標誌都還是八角形。然而,為什麼後來變成倒三角形呢?這是因為參考了德國（當時為西德）的道路標誌,認為人們對於倒三角形的「辨識度」較高的關係。

德國自1938年起便採用倒三角形作為「停車再開」的標誌,但為了遵守維也納道路交通公約,自1971年全面改為八角形。然而日本並未簽署公約,留下了倒三角形的標誌。

日本的停車再開標誌

公約中規定的停車再開標誌

或

2.三角函數的基礎

三角函數究竟為何而生？此外，「sin、cos、tan」到底是什麼？在本章中，將以簡單易懂的方式介紹三角函數的由來以及基本概念。

1 因天文學發展而誕生的三角函數

由西元前的希臘為開端

　　根據各種文獻，一般認為三角函數最早的概念，是來自於西元前的希臘。為了日常生活及農耕需求，除了第 1 章介紹的土地測量之外，建立正確曆法亦為不可或缺的一部分。而為了製作曆法，就必須在天球上精準標示各個星體的位置。天球是以觀測者為中心，標有無數星體的虛擬球面。

　　天文學正是由此而生。**在天文學中，星體的方位、仰望星體的角度，以及因仰望星體角度產生的「弦」（由圓周上 2 點所連接的線）之長度，都是不可或缺的要素（如右圖）。**

角度與弦的關係衍生出三角函數

　　在兩個變數中，若其中一個變數固定，則另外一個變數也會成為定值。這樣的對應關係稱為「函數」。**若「仰望星體的角度」為一固定值，則「弦」的長度也會成為定值，因此角度和弦長的對應關係也可稱作函數。**這個概念衍生成為三角函數。

三角函數與天文學

圓心角所對應的線段稱為弦。在進行天文觀測時，
角度與弦的關係是不可或缺的要素。

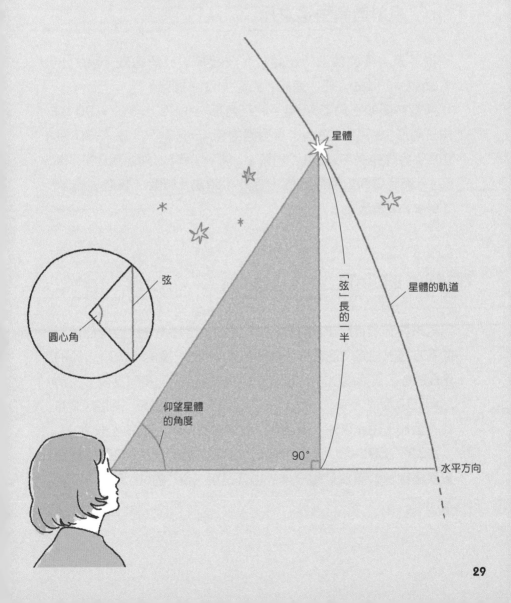

弦

圓心角

星體

「弦」長的一半

星體的軌道

仰望星體
的角度

90°

水平方向

「sin」是什麼？

「sin」是斜邊和對邊之比

接下來，終於要進入正題——一起探討三角函數「sin」、「cos」和「tan」吧！首先，先從「sin」開始。

請看右圖的三角形ABC。此三角形為「30°－60°－90°直角三角形」。90°（直角）所對應的邊AB稱為「斜邊」；30°的角B所對應的邊AC稱為「對邊」；剩下的邊BC則為角B的「鄰邊」。而斜邊和對邊的比值（$\frac{對邊}{斜邊}$）稱為「sine（正弦）」，以「sin」來表示。

試求30°的sin值

再來讓我們實際求出角B（30°）的sin值吧！先在直角三角形的下方畫出相同但倒轉的三角形，就可做出三角形ABD。30°的角B變為 2 倍而成60°，角D與角A亦同為60°。換句話說，三角形ABD就是正三角形。因此，若斜邊AB為 1 公尺，則邊AD亦為 1 公尺。由此可知，對邊AC是邊AD的一半，即 $\frac{1}{2}$ 公尺。

在30°－60°－90°直角三角形中，不分圖形大小，30°的對邊長度必定為斜邊長度的一半。也就是說，30°的sin（$\frac{對邊}{斜邊}$）值為 $\frac{1}{2}$。

30°時的 sin 值

假設某個角為 θ，其 sin 值則寫為「$\sin \theta$」。「θ」用來表示角度，為希臘字母之一，讀作「西塔」（theta）。當 θ 為30°時如下圖所示：

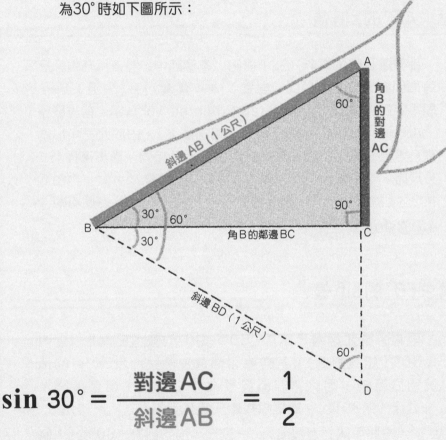

$$\sin 30° = \frac{\text{對邊 AC}}{\text{斜邊 AB}} = \frac{1}{2}$$

當角B在靠左的位置時，斜邊與角B的對邊連接起來就像英文書寫體「∠」的形狀汪！如此一來便可記住「s」開頭的「$\sin$」就是「$\frac{\text{對邊}}{\text{斜邊}}$」汪。

sin值如何變化？

試求45°的sin值

接著讓我們試求45°的sin值吧！本章節中，將使用在直角三角形中必然成立的公式（對邊）^{2}＋（鄰邊）^{2}＝（斜邊）^{2}——即「畢氏定理」（Pythagorean theorem）來解題。首先觀察「45°－45°－90°」的三角形（如右圖2）。由於此三角形為直角等腰三角形，因此對邊與鄰邊的長度相同。當斜邊長為1公尺時，根據畢氏定理可得（對邊）^{2}＋（鄰邊）^{2}＝1^2。再由此得2×（對邊）^{2}＝1，因此對邊＝$\sqrt{\frac{1}{2}}$＝$\frac{\sqrt{2}}{2}$公尺。**由此可知，45°的sin值為 $\frac{\text{對邊}}{\text{斜邊}}$＝$\frac{\sqrt{2}}{2}$≒0.71。**

試求60°的sin值

再來，請注意看「30°－60°－90°的直角三角形」之內角60°（如右圖3）。其對邊和鄰邊長度與內角30°時的情況剛好互換，因此當斜邊長度為1公尺時，鄰邊長度為$\frac{1}{2}$公尺（第30頁）。於是根據畢氏定理可得（$\frac{1}{2}$）^{2}＋（對邊）^{2}＝1^2，由此可知對邊長度為$\frac{\sqrt{3}}{2}$公尺。換句話說，60°的sin值為$\frac{\sqrt{3}}{2}$≒0.87。**隨著角度由0漸增至90°，sin值亦隨之由0往1變大。**

一起觀察 sin 值的變化！

若直角三角形的斜邊AB長度固定為 1 公尺，則sin值將會和對邊AC的長度相同。越接近90°，sin值也會越接近1。反之，越接近0，則sin值也會越趨近於0。

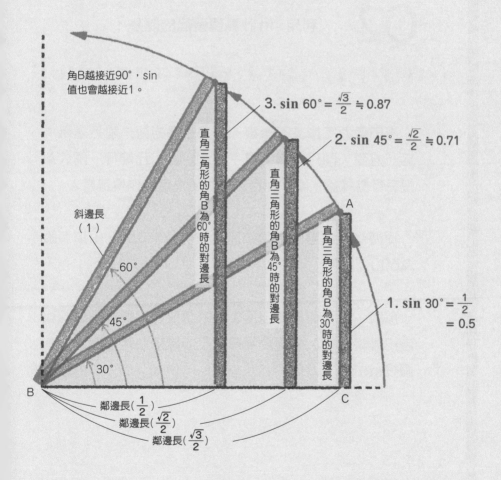

角B越接近90°，sin值也會越接近1。

3. $\sin 60° = \dfrac{\sqrt{3}}{2} \fallingdotseq 0.87$

2. $\sin 45° = \dfrac{\sqrt{2}}{2} \fallingdotseq 0.71$

直角三角形的角B為60°時的對邊長

直角三角形的角B為45°時的對邊長

直角三角形的角B為30°時的對邊長

斜邊長（1）

60°

45°

30°

A

1. $\sin 30° = \dfrac{1}{2} = 0.5$

B

鄰邊長（$\dfrac{1}{2}$）

鄰邊長（$\dfrac{\sqrt{2}}{2}$）

鄰邊長（$\dfrac{\sqrt{3}}{2}$）

C

33

如何與昌子通話？

Q2　利用sin計算傳聲筒的線長！

||||||||||||||||||||||||||||||||||||||||||||||||||||||||||||||||||

　　吉田參觀完摩艾石像後，決定在島的海岸附近遊玩。另一方面，同班同學的昌子則決定在山丘健行。兩人都沒有行動電話，為了保持聯絡，便決定製作傳聲筒。

　　從海岸抬頭看山丘頂端時，其仰角為35°。山頂海拔為500公尺。

　　那麼，昌子在抵達山頂後，若想要拉直傳聲筒的線與吉田聯絡的話，必須要用幾公尺的線來製作傳聲筒呢？假設$\sin 35° = 0.57$。

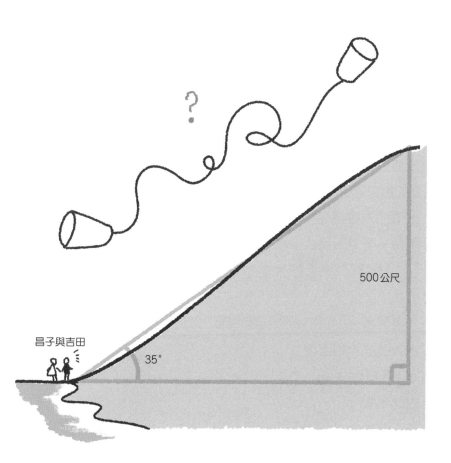

昌子與吉田

35°

500公尺

利用sin計算線的長度

A2　　線的長度約為877公尺

首先，以右圖的直角三角形進行思考。然後把焦點放在35°角來看，便可發現傳聲筒的線長相當於斜邊長度，而山頂的海拔高度則相當於對邊長度。那麼，由sin的定義來看，可知下列式子成立：

$$\sin 35° = \frac{對邊}{斜邊} = \frac{山頂海拔高度}{傳聲筒的線長}$$

接著再將山頂的海拔高度＝500公尺，及$\sin 35° = 0.57$代入此式。則可得

$$0.57 = \frac{500}{線長}$$

由此可知，

$$線長 = \frac{500}{0.57} ≒ 877公尺$$

為本題解答。

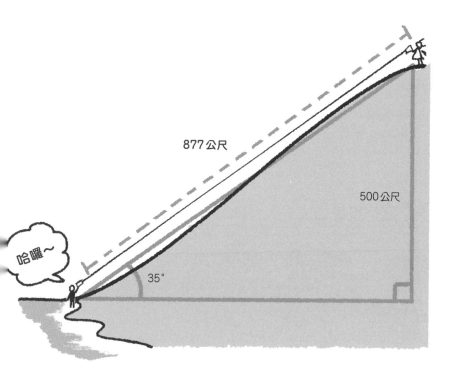

4 「cos」是什麼？

「cos」為斜邊和鄰邊之比

如同 $\frac{對邊}{斜邊}$ 稱為sin，「$\frac{鄰邊}{斜邊}$」亦有其名稱。一般稱為「cosine（餘弦）」，寫成「cos」。

cos是從怎樣的數值而來的呢？接著一起來看看30°的情況吧！先把目光放在「30°－60°－90°直角三角形」中的30°角，當斜邊長為 1 公尺時，對邊長為 $\frac{1}{2}$ 公尺。根據畢氏定理——（對邊）^{2}＋（鄰邊）^{2}＝（斜邊）^{2}，可知（$\frac{1}{2}$）^{2}＋（鄰邊）^{2}＝1^2 算式成立，計算後可得鄰邊為 $\frac{\sqrt{3}}{2}$ 公尺。

試求30°之cos值

所謂的cos，就是在直角三角形中，某一內角的鄰邊相對於斜邊之比值（$\frac{鄰邊}{斜邊}$）。所以，30°角的cos值cos30°為（$\frac{\sqrt{3}}{2}$）÷1 ＝$\frac{\sqrt{3}}{2}$≒0.87。

30° 時的 cos 值

假設某個角為 θ，其cos值寫成「$\cos \theta$」。當 θ 為30°時如下圖所示：

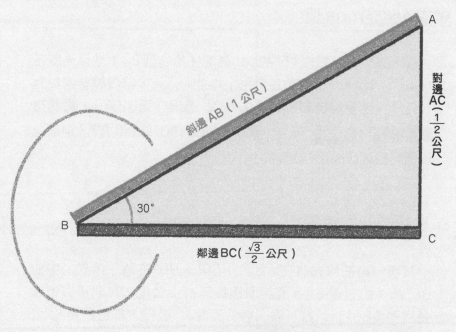

斜邊 AB（1 公尺）

對邊AC（$\frac{1}{2}$ 公尺）

30°

鄰邊BC（$\frac{\sqrt{3}}{2}$ 公尺）

$$\cos 30° = \frac{鄰邊 BC}{斜邊 AB} = \frac{\sqrt{3}}{2}$$

角B在靠左的位置時，利用英文字體「c」可將斜邊與角B的鄰邊連接起來汪！如此一來便可記住由c開頭的「$\cos$（cosine）」就是「$\frac{鄰邊}{斜邊}$」汪。

5 cos 值如何變化？

試求45°的cos值

接下來，一起試求45°的cos值吧（如右圖2）！把目光放在「45°－45°－90°直角三角形」中的45°角，若假設斜邊長為1公尺，那麼鄰邊和對邊長皆為 $\frac{\sqrt{2}}{2}$ 公尺（第32頁）。**由此可知cos45°** 為 $\frac{鄰邊}{斜邊} = \frac{\sqrt{2}}{2} \fallingdotseq 0.71$。cos30°約為0.87，相較之下便可發現cos45°之值變小了。

試求60°的cos值

其次，再把目光放在「30°－60°－90°直角三角形」中的60°角（如右圖3）。假設斜邊長度為1公尺，其對邊與鄰邊長度則與30°時恰好互換，對邊長為 $\frac{\sqrt{3}}{2}$ 公尺，鄰邊長為 $\frac{1}{2}$ 公尺。**因此，cos60°為** $\frac{1}{2} = 0.5$。比cos45° $\fallingdotseq 0.71$ 變得更小。

隨著角度變大，cos之值會越來越小。角度越接近90°時，其值會愈趨近於0。反之，若角度越小，鄰邊長度會越接近1。**綜合以上所述，可知隨著角度由0°逐漸增大至90°，cos值也會由1逐漸變小最終趨近於0。**

與角度呈相反變化

若直角三角形的斜邊AB長度固定為 1 公尺，則cos值將會和鄰邊BC的長度相同。角B逐漸增大，cos值將會逐漸變小。反之，若角度越接近90°，則cos值將越趨近於「0」。

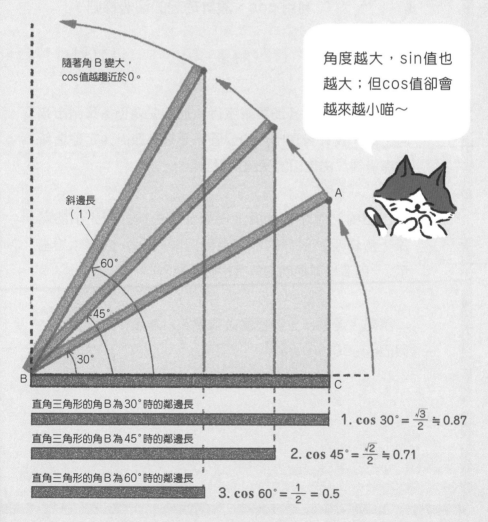

隨著角 B 變大，cos值越趨近於0。

角度越大，sin值也越大；但cos值卻會越來越小喵～

斜邊長（1）

60°

45°

30°

B

A

C

直角三角形的角B為30°時的鄰邊長

1. $\cos 30° = \dfrac{\sqrt{3}}{2} \fallingdotseq 0.87$

直角三角形的角B為45°時的鄰邊長

2. $\cos 45° = \dfrac{\sqrt{2}}{2} \fallingdotseq 0.71$

直角三角形的角B為60°時的鄰邊長

3. $\cos 60° = \dfrac{1}{2} = 0.5$

溜滑梯的長度是多少？

Q3　利用 cos，設計理想的溜滑梯吧！

吉田正開心地參加畢業旅行。他的父親仍每天到市政府上班，負責管理市內的公園。最近市政府決定建造新的溜滑梯，由吉田的父親負責設計。

吉田的父親在進行調查後發現，由於公園大小的關係，滑梯滑動部分的水平距離只能設為 3 公尺（如圖示）。而滑梯與地面的角度也必須為30°。

請問，滑動部分的長度必須要設計為多少公尺呢？假設$\cos 30° = 0.87$。

利用cos可知滑動長度

A3　　滑動長度約為3.4公尺

|||||||||||||||||||||||||||||||||||||||||||||||||||||||||||||||

　　如右圖所示，將溜滑梯以直角三角形來思考。以在30°角來看，則可知滑動部分的長度相當於斜邊長，而水平距離則相當於鄰邊長。那麼，由cos的定義來看，可知下列式子成立：

$$\cos 30° = \frac{鄰邊}{斜邊} = \frac{水平距離}{滑動部分的長度}$$

　　將水平距離＝3公尺，以及$\cos 30° = 0.87$代入此式。則可得

$$0.87 = \frac{3}{滑動部分的長度}$$

由此可知，

　　滑動部分的長度＝3÷0.87≒3.4公尺

為本題解答。

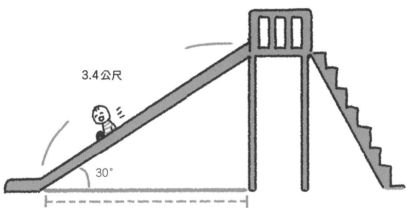

3.4公尺

30°

水平距離：3公尺

6 「tan」是什麼？

「tan」為對邊和鄰邊之比

如同 $\dfrac{對邊}{斜邊}$ 稱為sin，$\dfrac{鄰邊}{斜邊}$ 稱為cos，「$\dfrac{對邊}{鄰邊}$」亦有其名稱。一般稱為「tangent（正切）」，寫成「**tan**」。

tan是從怎樣的數值而來的呢？來看看30°時的情況吧！把目光放在「30°－60°－90°直角三角形」的30°角，可發現斜邊長為 1 公尺時，對邊長則為 $\dfrac{1}{2}$ 公尺，鄰邊長為 $\dfrac{\sqrt{3}}{2}$ 公尺（第38頁）。

試求30°的tan值

所謂的tan，就是在直角三角形中，某一內角的對邊相對於鄰邊之比值（$\dfrac{對邊}{鄰邊}$）。所以，30°角的tan值（**tan**30°)為（$\dfrac{1}{2}$）÷（$\dfrac{\sqrt{3}}{2}$）＝ $\dfrac{1}{\sqrt{3}}$ ≒0.58。

30° 時的tan值

假設某個角為 θ，其tan值則寫為「$\tan \theta$」。當 θ 為30°時如下圖所示：

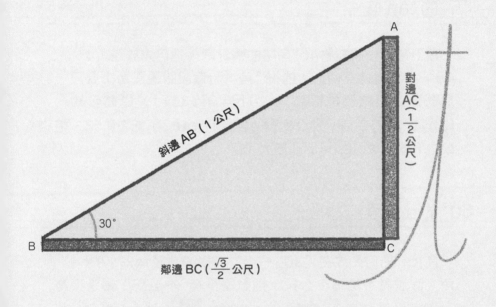

A

斜邊 AB（1 公尺）

對邊 AC（$\frac{1}{2}$ 公尺）

30°

B

C

鄰邊 BC（$\frac{\sqrt{3}}{2}$ 公尺）

$$\tan 30° = \frac{對邊AC}{鄰邊BC} = \frac{1}{\sqrt{3}}$$

角B的鄰邊和對邊連接起來就像英文書寫體的（t）」汪！如此一來便可記住由「t」開頭的「$\tan$（tangent）」就是「$\frac{對邊}{鄰邊}$」汪！

7 tan 值如何變化？

45°的 tan 值

接下來，一起看看45°角時的情況吧！把目光放在「45°－45°－90°直角三角形」的45°角，若假設斜邊長為 1 公尺，那麼對邊和鄰邊長皆為 $\frac{\sqrt{2}}{2}$ 公尺（第32頁）。**由此可知，tan45°為 $\frac{對邊}{鄰邊}$ =（$\frac{\sqrt{2}}{2}$）÷（$\frac{\sqrt{2}}{2}$）= 1**。**tan**30°約為0.58，相較之下便可發現tan45°值變大了。

60°的 tan 值

其次，把目光放在「30°－60°－90°直角三角形」的60°角。假設斜邊長為 1 公尺，則對邊長為 $\frac{\sqrt{3}}{2}$ 公尺，鄰邊長為 $\frac{1}{2}$ 公尺（第40頁）。**所以，tan60°為 $\frac{對邊}{鄰邊}$ =（$\frac{\sqrt{3}}{2}$）÷（$\frac{1}{2}$）= $\sqrt{3}$ ≒ 1.73**。比**tan**45°= 1 變得更大。

tan值會跟著角度一起變大。越接近90°，tan值會越趨近於無限大。反之，若角度變小，則tan值會越趨近於 0。**綜合以上所述，隨著角度由 0 逐漸增大至90，tan值也會由 0 逐漸增大至 ∞（無限大）。**

無止盡地增大

當直角三角形的斜邊AB長度固定為 1 公尺時，隨著角B增大tan值也會變大，越接近90°，則其值也越趨近於無限大（∞）。

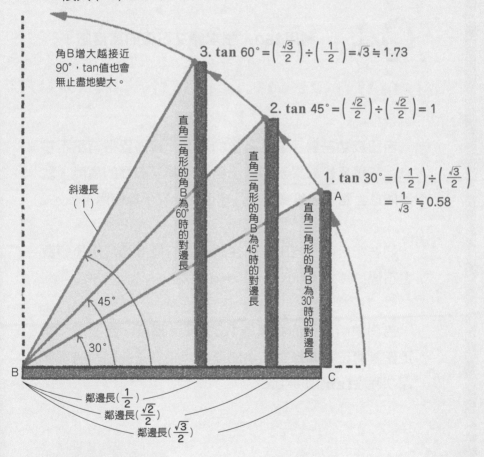

角B增大越接近90°，tan值也會無止盡地變大。

3. $\tan 60° = \left(\dfrac{\sqrt{3}}{2}\right) \div \left(\dfrac{1}{2}\right) = \sqrt{3} \fallingdotseq 1.73$

2. $\tan 45° = \left(\dfrac{\sqrt{2}}{2}\right) \div \left(\dfrac{\sqrt{2}}{2}\right) = 1$

1. $\tan 30° = \left(\dfrac{1}{2}\right) \div \left(\dfrac{\sqrt{3}}{2}\right)$
$= \dfrac{1}{\sqrt{3}} \fallingdotseq 0.58$

斜邊長（1）

直角三角形的角B為60°時的對邊長

直角三角形的角B為45°時的對邊長

直角三角形的角B為30°時的對邊長

A

45°

30°

B

C

鄰邊長（$\dfrac{1}{2}$）

鄰邊長（$\dfrac{\sqrt{2}}{2}$）

鄰邊長（$\dfrac{\sqrt{3}}{2}$）

sin會隨著角度變大而越接近1，但tan會變得更大喵～

摩艾石像有多高？②

Q4　利用 tan，試求摩艾石像的高度吧！

吉田成功答對了摩艾石像的高度，導遊覺得有點不甘心，於是又說如果沒有答出另一座摩艾石像的高度，就不能搭上回程的班機，並且規定這一次不能使用竿子。

如右圖所示，吉田君站在離摩艾石像 5 公尺處抬頭觀看石像頂端，其仰角為40°。

吉田眼睛離地的高度為1.5公尺。那麼，吉田是否能正確計算出這座摩艾石像的高度，平安搭上回家的班機呢？假設 **tan**40°＝0.84。

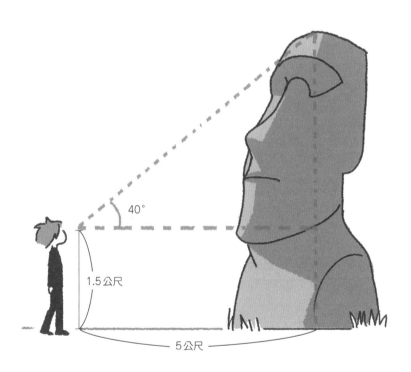

40°

1.5公尺

5公尺

利用tan可知摩艾石像高度

A4　　摩艾石像高度為5.7公尺。

先以右圖的直角三角形進行思考。並把目光放在40°角，便可發現摩艾石像與吉田的距離相當於鄰邊，吉田眼睛的離地高度與摩艾石像高度之差相當於對邊，那麼可知下列式子成立：

$$\tan 40° = \frac{對邊}{鄰邊} = \frac{高度差}{與摩艾石像的距離}$$

接著再將與摩艾石像的距離＝5公尺，及$\tan 40°=$0.84代入此式。則可得

$$0.84 = \frac{高度差}{5}$$

由此可知，

高度差＝0.84×5＝4.2公尺

再加上吉田的眼睛離地高度，可得

4.2+1.5＝5.7公尺

這就是另一座摩艾石像的高度。

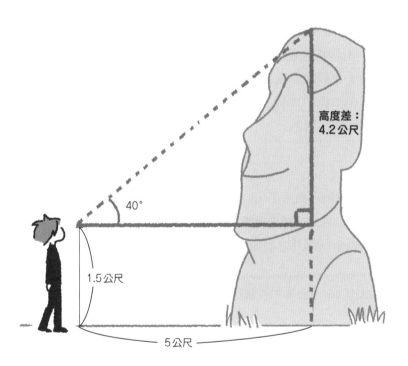

高度差：
4.2公尺

40°

1.5公尺

5公尺

sin、cos、tan 的名稱從哪裡來？

　　三角函數的觀念，是從圓的圓心角以及弦的觀點而誕生的。在古希臘，一般將圓內的弦稱為「正弦」。**這個概念在5世紀左右傳入印度後，比弦更加便利的「半弦」（ardhajiva）廣為一般大眾所使用。**而這個詞被省略為「jiva」，並被譯為阿拉伯語中發音相似的「jayb（jaid）」一詞。jayb有「海灣」之意，因此不久後又被譯為拉丁語中擁有海灣之意的「sinus」。最後由此再轉變為英語的「sine」。

　　此外，如第60頁所示，$\cos\theta = \sin(90° - \theta)$ 是成立的。$90° - \theta$ 稱為餘角。**換句話說，cos就是餘角（complementary angle）的sin。**因此才被稱為「cosine」。

　　而tan（tangere）的名稱由來，在拉丁語中擁有「接觸」之意。

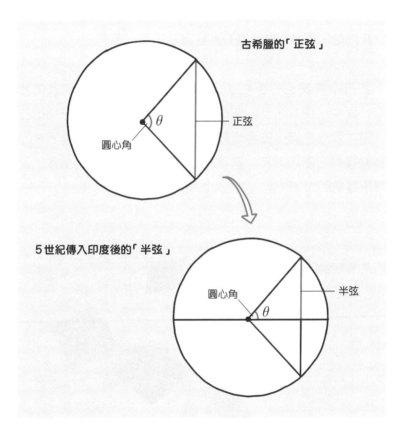

古希臘的「正弦」

圓心角 θ

正弦

5 世紀傳入印度後的「半弦」

圓心角 θ

半弦

日式飯糰的形狀

如果說到日本的「飯糰」，最先浮現在腦海的應該是三角形的飯糰吧！那麼，為什麼日式飯糰是三角形呢？

在日本其實也有圓柱狀、圓盤狀或圓形等各種形狀的飯糰。其中一種說法是，在便利商店開始販售之後，三角形的飯糰才變成主流。**三角飯糰的優點在於，裝貨時能緊密裝滿利於運送。**除此之外，飯量相同時，三角飯糰看起來會比圓形飯糰還要大。

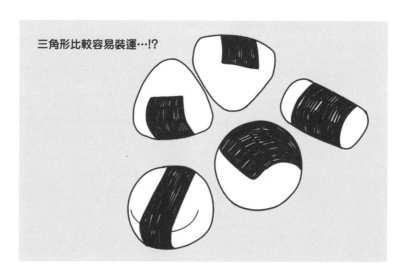

三角形比較容易裝運…!?

那麼為什麼會有三角形的飯糰呢？最常見的說法是模仿山峰的形狀。山嶽自古以來已被神化為人們信奉的對象。**為了獲得山神授予的力量，便將煮好的米飯做成山的外形（神形）來食用**。三角飯糰據說最早起源於彌生時代，考古人員在石川縣中能登町的遺跡中，發現了已碳化的三角飯糰。

3.sin、cos、tan 的密切關係

三角函數有各式各樣的公式，乍看之下似乎相當複雜困難。然而，若使用圖形思考，便能清楚理解。一起掌握三角函數之間的關係，並試著計算各種距離與長度吧！

1 sin和cos的關係

sin60°和cos30°是相等的

sin、cos和tan之間有著密切的關係。只要理解三者之間的關係，即使無法得知其值，也能從其他的三角函數值求得解答。首先，先來看看sin和cos的關係。

如第32頁所示，60°角的sin值（sin60°）為 $\frac{\sqrt{3}}{2}$ 。另一方面，如第38頁所示，30°角的cos值（cos30°）也為 $\frac{\sqrt{3}}{2}$ 。sin60° = cos30°是偶然的嗎？

連接sin和cos的重要公式

直角三角形的內角和為180°。由於直角為90°，那麼剩下的兩個內角和必為90°。**因此，如圖1-a所示，在角C為直角的直角三角形ABC中，若角B為 θ ，角A則為「90°$-\theta$」。**

接著來觀察以角B為中心的sin和cos值（1-b）與以角A為中心的sin和cos值（2-b）吧！灰色為底的式子皆為 $\frac{AC}{AB}$ ，而橘色為底的式子皆為 $\frac{BC}{AB}$ 。由此可知，下列三角函數關係是成立的：

$$\sin\theta = \cos(90°-\theta) \cdot \cos\theta = \sin(90°-\theta)$$

…三角函數的重要公式①

sin 和 cos 之間的公式

在直角三角形ABC中，分別求得角B及角A的sin和cos
值。如此一來，便能導出重要公式。

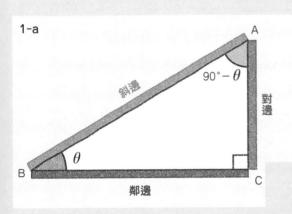

1-a

1-b

$$\sin\theta = \frac{對邊}{斜邊} = \frac{AC}{AB}$$

$$\cos\theta = \frac{鄰邊}{斜邊} = \frac{BC}{AB}$$

三角函數的重要公式 ①

$$\sin\theta = \cos(90° - \theta)$$
$$\cos\theta = \sin(90° - \theta)$$

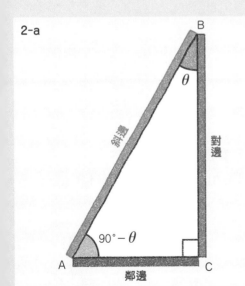

2-a

2-b

$$\sin(90° - \theta) = \frac{對邊}{斜邊} = \frac{BC}{AB}$$

$$\cos(90° - \theta) = \frac{鄰邊}{斜邊} = \frac{AC}{AB}$$

sin除以cos可得tan

tan和sin、cos的關係

其次，來看看tan和sin、cos之間有什麼樣的關係吧！

如右圖所示，在角C為直角的直角三角形ABC中，將角B的大小設為 θ。那麼，根據sin和cos的定義，$\sin\theta = \dfrac{AC}{AB}$ 及 $\cos\theta = \dfrac{BC}{AB}$ 兩式成立。為了消去分母，將兩式的兩邊各乘以AB，則可得 $AB\sin\theta = AC$ 及 $AB\cos\theta = BC$。**換句話說，對邊AC即為「$AB\sin\theta$」，而鄰邊BC則可用「$AB\cos\theta$」來表示。**

將tan用sin和cos置換

那麼，根據tan的定義可得

$$\tan\theta = \frac{對邊}{鄰邊} = \frac{AB\sin\theta}{AB\cos\theta}$$

將分子與分母AB約分後可得

$$\tan\theta = \frac{\sin\theta}{\cos\theta} \quad \cdots 三角函數的重要公式②$$

換句話說，由此可知tan就是從sin除以cos而來。這是將tan用sin和cos置換的重要公式。

用三角函數表示三邊長

以直角三角形ABC的角B為中心來看，鄰邊和對邊分別可用ABcos θ 及ABsin θ 表示。tan的定義為 $\frac{對邊}{鄰邊}$，因此可知 $\tan\theta = \frac{AB\sin\theta}{AB\cos\theta} = \frac{\sin\theta}{\cos\theta}$ 成立。

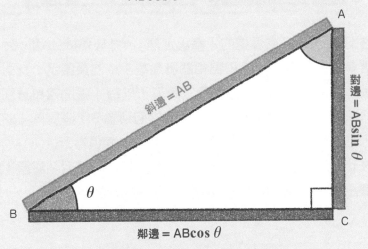

A

對邊 = ABsin θ

斜邊 = AB

θ

B

鄰邊 = ABcos θ

C

$$\tan\theta = \frac{對邊}{鄰邊} = \frac{AB\sin\theta}{AB\cos\theta}$$

三角函數的重要公式 ②

$$\tan\theta = \frac{\sin\theta}{\cos\theta}$$

只要知道sin、cos和tan的其中兩項，便可知另一項的值了！

連接sin和cos的 「畢氏定理」是什麼？

思考 3 邊邊長比例為 3：4：5 的直角三角形

在第32頁等多處登場的「畢氏定理」，擔任連接sin和cos的重要角色。讓我們重新確認相關概念吧！依右頁圖示，針對三邊長度為「3：4：5」的直角三角形，以每 1 邊的邊長分別做出 3 個正方形。邊長為 3 的正方形之面積為 9；邊長為 4 的正方形之面積為16；而邊長為 5 的正方形之面積為25。

在比較這些面積後，是不是發現了有趣的關係呢？**沒錯！將兩個小正方形的面積相加，就等於大正方形的面積。**

所有的直角三角形皆成立

不僅是「3：4：5」的直角三角形，無論是在什麼樣的直角三角形當中，這個關係都會成立。**反之，在利用三角形的各邊長做出的 3 個正方形中，若大正方形的面積等於兩個小正方形的面積之和，此三角形必為直角三角形。**

這就是「畢氏定理」（又稱為三平方定理）。

畢氏定理

畢氏定理就是在直角三角形中,以「(鄰邊)^2+(對邊)^2=(斜邊)^2」之關係成立的定理。

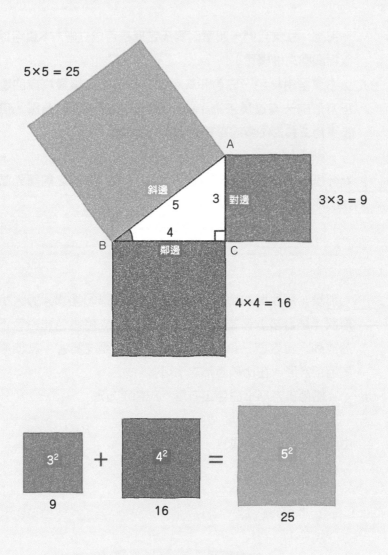

證明畢氏定理

那麼，就讓我們一起證明畢氏定理是否成立吧（本頁可以之後再翻回來慢慢看）！

右頁是由橘色、白色和灰色的三個正方形重疊構成的圖。正方形的一邊邊長各為a、b、c。**如果仔細觀察此圖，可知在直角三角形①中的畢氏定理是成立的：**

$$a^2 + b^2 = c^2$$

為什麼能判斷它是成立的呢？在看下面的解說之前請先試著找出原因。

那麼，解說開始囉！**右圖中直角三角形①②③④的大小和形狀（結合後）皆為相同。**換句話說，先將橘色和白色正方形並列，再截取三角形①和②，並移動至③和④，就能組成灰色正方形。在比較面積之下可得

橘色正方形＋白色正方形＝灰色正方形

$$a^2 \quad + \quad b^2 \quad = \quad c^2$$

由此可知畢氏定理成立。

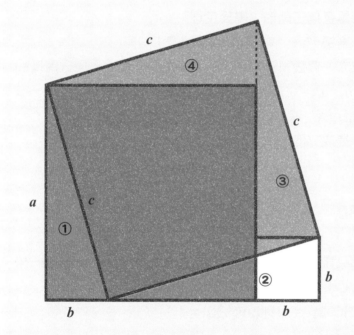

4 「畢氏定理」連接 sin 和 cos！

sin 的平方和 cos 的平方之和為 1

前一頁所介紹的「畢氏定理」，是如何連結 sin 和 cos 的呢？

只要是直角三角形，畢氏定理

（對邊）^{2} ＋（鄰邊）^{2} ＝（斜邊）^{2}

一定成立。假設斜邊長為 1，則對邊長和鄰邊長能分別以 sin 和 cos 表示。因此，在 sin 和 cos 之間，

$$\sin^2\theta + \cos^2\theta = 1 \cdots 三角函數的重要公式③$$

此關係是成立的。

以 $\sin 30°$、$\cos 30°$ 為例

舉例來說，$\sin 30°$ 為 $\frac{1}{2}$，則 $\sin 30°$ 的平方（寫做 $\sin^2 30°$）則為 $(\frac{1}{2})^2 = \frac{1}{4}$。

$\cos 30°$ 為 $\frac{\sqrt{3}}{2}$，則 $\cos^2 30° = (\frac{\sqrt{3}}{2})^2 = \frac{3}{4}$。

那麼 $\sin^2 30°$ 和 $\cos^2 30°$ 相加的話，可得 $\frac{1}{4} + \frac{3}{4} = \frac{4}{4} = 1$。

若利用此公式，只要知道 sin 就可求得 cos；反之，知道 cos 便可求得 sin。

畢氏定理和三角函數

假設直角三角形的斜邊AB長為 1，則對邊長為$\sin \theta$，鄰邊長為$\cos \theta$。根據畢氏定理，可知「$\sin^2 \theta + \cos^2 \theta = 1$」成立。

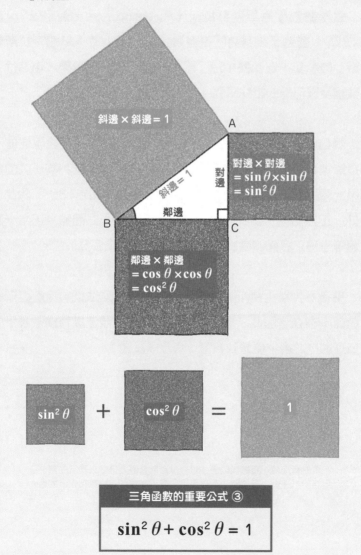

三角函數的重要公式 ③

$$\sin^2 \theta + \cos^2 \theta = 1$$

原來畢達哥拉斯是這種人！

古希臘數學家畢達哥拉斯（Pythagoras，前582?～前497?）創建了被稱為「畢達哥拉斯教團」或「畢達哥拉斯學派」的私塾。在私塾中除了學習宗教、政治及哲學，也進行了數論及幾何學的相關研究。

說到畢達哥拉斯便想到有名的「畢氏定理」，但據說這並不是畢達哥拉斯自己一個人發現的，而是整個學派共同研究的成果。畢達哥拉斯學派還證明了三角形的內角和為180°。除此之外，正四面體、正六面體、正八面體、正十二面體、正二十面體等五種正多面體據說也是由畢達哥拉斯學派發現的。

畢達哥拉斯主張所有數皆為有理數[1]，無法以有理數表示的數並不存在。因此，據說某位弟子發現了無法以有理數表示的無理數[2]之後，便遭到殺害（有眾多說法）。

---

[1]：所謂的有理數，是指能用分子和分母皆為整數之分數來表示的數。
[2]：所謂的無理數，是指無法用分子和分母皆為整數之分數來表示的數。

畢達哥拉斯學派的秘密

私塾「畢達哥拉斯學派」非常嚴格

畢達哥拉斯

無法用有理數表示的數並不存在!!

希帕索斯

然而……

這裡的「？」，應該不屬於有理數才對吧？

$1^2 + 1^2 = ?$

啊……

氣到發抖

據說違背教團教義的希帕索斯最後被處決了……

怎麼會……!?!?

71

烤雞串的「三角」

大家是否曾在日本烤雞串店的菜單上看過「三角」這樣菜呢？其實這是雞肉的其中一個部位。不過這到底在哪裡呢？

在雞尾根部附近，有一塊突起的三角形肉塊。由於這裡經常活動，肌肉發達，據說油脂豐富，不論口感或味道都令人驚豔，這個部位的肉就是「三角」，也是我們熟悉的雞屁股（七里香）。由於一隻雞只能取得極少量，除了雞肉專門店之外幾乎沒有販賣。老饕之間還有其他稱呼，甚至將母雞這個部位的肉稱為「岬」（註：岬（misaki）是突出的海岸地形，形狀與雞尾相近，而mi在日文亦有「三」之意。misaki亦常作女性名）。

其實人體內也有呈三角形的部位。**那就是肩膀圓弧隆起的「三角肌」，**這裡主要控制手臂的活動，除了和投球時的動作有密切關係之外，也擁有保護肩關節的功能。不論是雞還是人類，體內都有「三角形」呢！

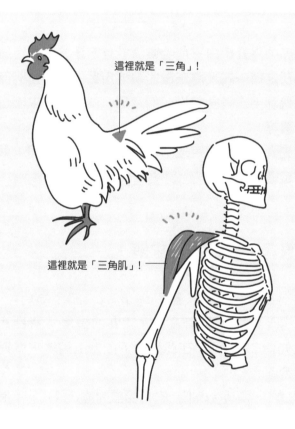

這裡就是「三角」！

這裡就是「三角肌」！

5 以cos為主角的「餘弦定理」是什麼？

利用三角函數且方便好用的定理

在本章節中將介紹由三角函數構成且方便好用的定理。**定理就如同畢氏定理一般，將正確的陳述用數學方式證明而得到的結果。**透過利用三角函數構成的定理，就能計算求出三角形的邊長和面積等。

接下來先介紹「餘弦定理」吧！若使用餘弦定理，就能從三角形的兩邊邊長和其夾角，計算出剩下的邊長長度。

就算不是直角三角形也能求解！

請看右上圖的三角形。邊長 a、b、c（分別為角A、角B、角C的對邊）當中，已知邊長 a 和 b 的長度，邊長 c 為未知數，但已知角C為60°。在此情況下能派上用場，就是如下所示的餘弦定理：

$$c^2 = a^2 + b^2 - 2ab\ cosC\ \text{…三角函數的重要公式④：餘弦定理}$$

將 a、b、$cosC$ 之值代入此公式，便能輕鬆求得邊長 c 的長度。而在角C為90°的直角三角形中，由於 $cos90° = 0$，代入上述公式後，便會畢氏定理一致。因此，餘弦定理可說是從畢氏定理衍生出來，能在一般三角形中使用的公式。

三角函數的重要公式 ④

$$c^2 = a^2 + b^2 - 2ab\ \cos C$$

利用餘弦定理解題！

Q 下圖三角形中的「AB長度」為多少？

下圖的三角形ABC中，已知BC（a）的長度為 6，AC（b）的長度為 3，角C為 60°。的長度未知。利用餘弦定理，試求長度。

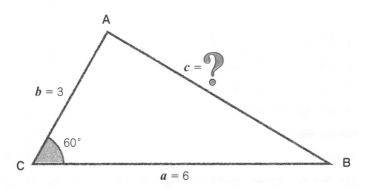

A 根據餘弦定理，在邊長 a、b、c 之間，下列關係成立：

$$c^2 = a^2 + b^2 - 2ab\ \cos C$$

將 $a=6$，$b=3$，$\cos C = \cos 60° = \dfrac{1}{2}$ 代入上式可得

$$c^2 = 6^2 + 3^2 - 2 \times 6 \times 3 \times \dfrac{1}{2}$$

$$= 36 + 9 - 18 = 27$$

因 c 為正數，故

$$c = \sqrt{27} = 3\sqrt{3}$$

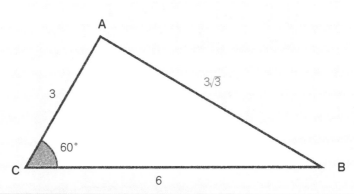

證明餘弦定理

那麼就讓我們利用右圖「$105° - 30° - 45°$」的三角形ABC來證明餘弦定理是否真的成立吧（本頁可以之後再翻回來慢慢看）！

在三角形ABC中已知 c 的長度為2，a、b 的長度未知（①）。**從頂點A劃一條垂直線與對邊BC相交於D點。**再利用第2章求得的 $\sin 30° = \dfrac{1}{2}$、$\cos 30° = \dfrac{\sqrt{3}}{2}$、$\sin 45° = \dfrac{\sqrt{2}}{2}$，如此一來便如下列運算所示，可知所有邊長的長度（②）。

在直角三角形ABD中，因 $\sin B = \dfrac{AD}{c}$、$\cos B = \dfrac{BD}{c}$ 故 =
AD $= c \times \sin B = 2 \times \dfrac{1}{2} = 1$，BD $= c \times \cos B = 2 \times \dfrac{\sqrt{3}}{2} = \sqrt{3}$
在直角等腰三角形ACD中，因 $\sin C = \dfrac{AD}{b}$ 故
$b = $ AD $\div \sin C = 1 \div \dfrac{\sqrt{2}}{2} = \sqrt{2}$，
此外，因CD $=$ AD $= 1$，故 $a = $ BD $+$ CD $= 1 + \sqrt{3}$

接著計算餘弦定理中等號左方的 c^2 可得 $c^2 = 4$。再將上面所求出的 a 和 b 之值代入等號右方則可得

$$a^2 + b^2 - 2ab\ \cos C = (1 + \sqrt{3})^2 + (\sqrt{2})^2$$
$$-2 \times (1 + \sqrt{3}) \times (\sqrt{2}) \times \dfrac{\sqrt{2}}{2}$$
$$= 1 + 2\sqrt{3} + 3 + 2 - (2 + 2\sqrt{3}) = 4$$

其結果與 c^2 相等。由此可知餘弦定理確實成立。

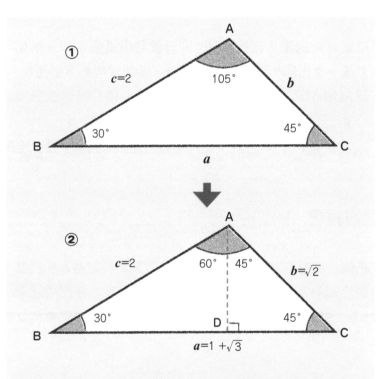

三角函數的重要公式 ④

$$c^2 = a^2 + b^2 - 2ab \cos C$$

6 以sin為主角的「正弦定理」是什麼？

三角形的「sin與對邊長之比」是固定的！

再來要介紹的是「正弦定理」。只要利用這個定理，就如同右頁上圖，當已知一邊邊長和兩角時，便能求得剩下的邊長。

在三角形ABC當中，假設角A、角B、角C的對邊分別為 a、b、c，那麼正弦定理可用下列式子表示：

$$\frac{\sin A}{a} = \frac{\sin B}{b} = \frac{\sin C}{c}$$ …三角函數的重要公式⑤：正弦定理

試求對邊長度

在右頁上圖的三角形ABC中，已知角B和其對邊 b 的長度。此外也已知角A，但卻不知道其對邊 a 的長度。在此情況下，將$\sin A$、$\sin B$、b 之值代入正弦定理，便可以輕鬆求得 a 的長度。

利用正弦定理解題！

三角函數的重要公式 ⑤
$$\frac{\sin A}{a} = \frac{\sin B}{b} = \frac{\sin C}{c}$$

Q

下圖三角形中的「BC長度」為多少？
下圖三角形ABC中，已知角 A＝60°、
角 B＝45°、AC（b）的長度為8。
試求BC（a）的長度。

A

60°

$b = 8$

45°

B
C

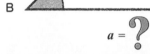

A

正弦定理
$$\frac{\sin A}{a} = \frac{\sin B}{b}$$
將 b＝8，A＝60°，B＝45°代入正弦定理
$$\frac{\sin 60°}{a} = \frac{\sin 45°}{8}$$
將式子改寫為「a＝…」則可得
$$a = \sin 60° \times \frac{8}{\sin 45°}$$
$$= \frac{\sqrt{3}}{2} \times 8 \div \frac{\sqrt{2}}{2}$$
$$= 4\sqrt{6}$$

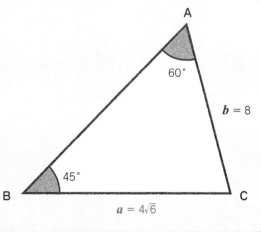

A

60°

$b = 8$

45°

B
C

$a = 4\sqrt{6}$

79

證明正弦定理

|||||||||||||||||||||||||||||||||||||||||||||

　　接下來讓我們一起證明上一頁的正弦定理是否成立（本頁可以之後再翻回來慢慢看喔）！首先，在右圖的三角形ABC中，從頂點A畫一垂直線，與對邊相交於D點。然後將焦點放在直角三角形ABD來思考。根據正弦定理，可知$\sin B = \frac{AD}{c}$。由此可知，

$$AD = c \sin B \cdots ①$$

　　其次，再把焦點放在直角三角形ACD來思考。根據正弦定理，$\sin C = \frac{AD}{b}$。由此可知，

$$AD = b \sin C \cdots ②$$

　　從①和②可知，$c \sin B = b \sin C$。將兩邊各除以bc，可導出 $\frac{\sin B}{b} = \frac{\sin C}{c}$。同樣地若從頂點B畫一條與垂直的線，亦可導出 $\frac{\sin A}{a} = \frac{\sin C}{c}$。綜合以上結果，可得

$$\frac{\sin A}{a} = \frac{\sin B}{b} = \frac{\sin C}{c}$$

故可知正弦定理成立。

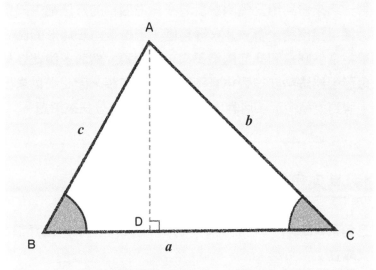

三角函數的重要公式 ⑤

$$\frac{\sin A}{a} = \frac{\sin B}{b} = \frac{\sin C}{c}$$

利用三角函數可知 三角形面積！

試求直角三角形以外的三角形面積

　　接著一起來看利用三角函數計算三角形面積的方法吧！**三角形的面積可用底邊×高÷2求得其值。**若是直角三角形的話，可測量相當於底邊和高的兩邊長來求得面積。**然而，除此以外的三角形因無法得知三邊中哪兩邊為底邊和高，因此難以求出面積。**遇到這種情況，可利用便利的三角函數公式來解題。

從兩邊與其夾角便可得知面積

　　在三角形ABC中，若設為 c，為 b，為 a，則下列求面積 S 的公式成立。

　　$S = \dfrac{1}{2}\, ab\, \sin C$ …三角函數的重要公式⑥

　　換句話說，將三角形的兩邊和其夾角的sin值相乘後除以 2，便可求得面積。此公式常被運用於求出土地面積等情況。此外，若對象為夾角90°的直角三角形時，因其sin值為 1，代入上述公式後，其結果和底邊×高÷2相同。

$$S = \frac{1}{2} ab \sin C$$

試求面積！

Q 下圖的三角形面積為多少？
在下圖三角形ABC中，已知BC（a）長度為 3，CA（b）長度為 4，角 C＝30°。
試求三角形ABC之面積 S。

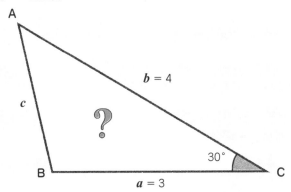

A 三角函數的重要公式⑥

$$S = \frac{1}{2}ab \sin C$$

將 a = 3、b = 4、角 C = 30° 代入

$$S = \frac{1}{2} \times 3 \times 4 \times \sin 30°$$

因 $\sin 30° = \frac{1}{2}$，故

$$S = \frac{1}{2} \times 3 \times 4 \times \frac{1}{2}$$

$$= 3$$

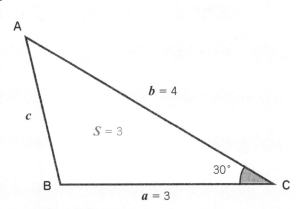

證明面積公式

接下來就讓我們一起導出上一頁所看到的面積公式（本頁可以之後再翻回來慢慢看）！先試著思考如何求出右圖的三角形ABC面積。首先，從頂點A往下畫出和對邊垂直的線，並相交於D點。三角形面積可用（底邊）×（高）÷2求得。**當底邊為時則高為，因此面積S可用下列式子表示：**

$$S = a \times \text{AD} \div 2 \cdots ①$$

其次，將焦點放在三角形ABD。從正弦定理可以得到$\sin B$ $= \dfrac{對邊}{斜邊} = \dfrac{\text{AD}}{c}$，則可知AD$= c \sin B$。將其代入①的式子中可以得到

$$S = \frac{1}{2} ac \sin B$$

故能導出面積公式。

利用同樣的方法，亦可導出S$= \dfrac{1}{2} bc \sin A$及S$= \dfrac{1}{2} ab \sin C$。

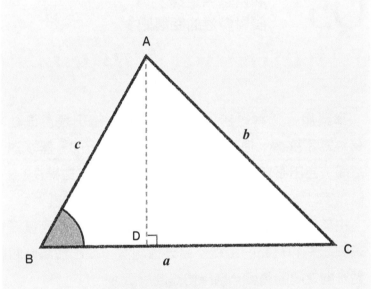

三角函數的重要公式 ⑥

$$S = \frac{1}{2} ab \sin C$$

大約要游多少距離呢？

Q5　利用餘弦定理，試算游泳的距離吧！

||||||||||||||||||||||||||||||||||||||||||||||||||||||||||||||

　　畢業旅行落幕，吉田平安回到家。吉田是游泳社社員，為了練習，他決定游泳橫渡家裡附近的一座水池。然而，吉田不知道到底要游多少公尺才能成功橫渡。

　　由於無法直接測量水池大小，因此吉田分別測量了從家到起點和終點的距離。另外也測量了從家往起點和終點方向之間的角度。結果如右圖所示。

　　那麼，吉田從起點出發游到終點，到底要游多少公尺呢？　$\cos 60° = 0.5$。

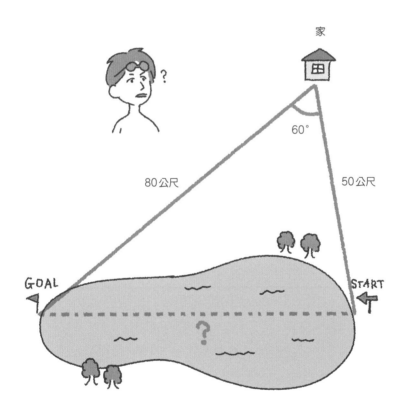

利用餘弦定理可求得游

A5　　游泳距離為70公尺

以右圖的三角形ABC來思考。因已知兩邊和其夾角角度，故 c 的長度可用餘弦定理

$$c^2 = a^2 + b^2 - 2ab \cos C$$ 求得。

將 $a = 50$，$b = 80$，$\cos C = \cos 60° = 0.5$ 代入餘弦定理公式當中，則可得

$$
\begin{aligned}
c^2 &= (50)^2 + (80)^2 - 2 \times 50 \times 80 \times 0.5 \\
&= 2500 + 6400 - 4000 \\
&= 4900
\end{aligned}
$$

故 $c = \pm 70$。但游泳距離應為正數，因此吉田橫渡水池的距離為70公尺。

泳距離

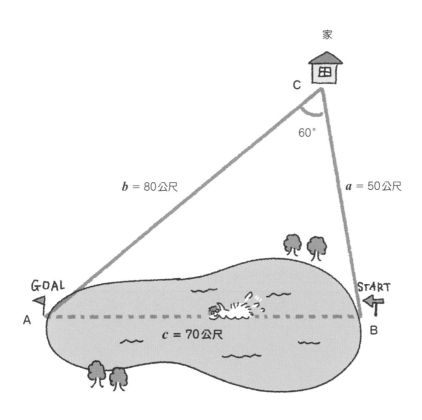

家

C

60°

b = 80公尺

a = 50公尺

GOAL

START

A

c = 70公尺

B

到超市的距離是多少？

Q6

利用正弦定理，
試算到超市的距離吧！

吉田平常都會到離家300公尺遠的便利商店買東西。最近，家裡附近新開了一間超市。如果超市比便利商店更近的話，吉田打算下一次去超市看看。

吉田本來要直接測量從家裡到超市的距離。但現在路上出現了一隻大狗，他怕得不敢過去。於是，便分別測量了從家裡往超市和便利商店方向之間的角度，以及從便利商店往超市和家裡方向之間的角度。其結果如右圖所示。

那麼，新開的超市到底位在離家幾公尺處呢？
$\sin 37° = 0.60$，$\sin 64° = 0.90$。

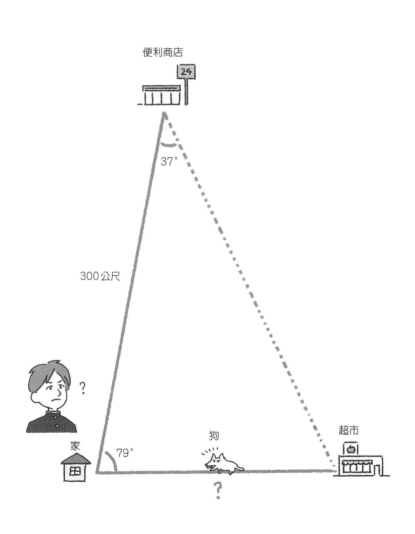

便利商店

37°

300公尺

?

家

79°

狗

?

超市

利用正弦定理計算到超市

A6　從家裡到超市的距離為200公尺

以右圖的三角形ABC來思考。首先，解開本題的重點在於求出三角形ABC中角C的大小。由於三角形的內角和為180°，因此

　　角C＝180°－角A－角B＝64°。

其次利用正弦定理 $\dfrac{\sin A}{a} = \dfrac{\sin C}{c}$ 。
將 $\sin A = 0.60$，$\sin C = 0.90$，$c = 300$代入式子中可得

$$\dfrac{0.60}{a} = \dfrac{0.90}{300}$$
$$a = 0.60 \times 300 \div 0.90$$
$$= 200$$

由此可知，從家裡到超市的距離為200公尺。

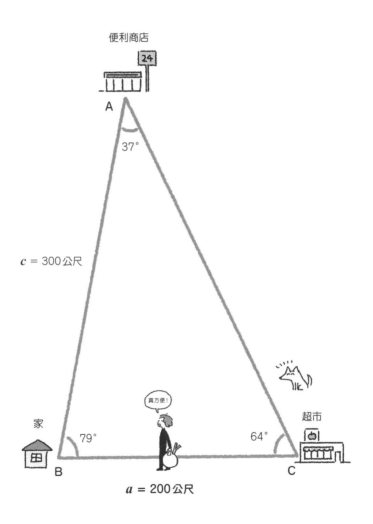

利用三角形繪製地圖

　　不知道大家是否聽過在製作地圖時會使用到的「三角測量」（triangulation）一詞呢？**所謂的三角測量，是指利用三角形的性質，來得知某個地點（未知地點）之正確位置的方法。**

　　在三角測量中，首先利用已知位置的兩個基準點。接著以兩基準點和未知點製作三角形，並測量兩基準點相連的邊長，以及其兩邊角度。如此一來，便知一邊邊長和其兩端的角度，便可用正弦定理或餘弦定理，計算求出三角形其他邊長和角度。換句話說，就能確定未知點的所在位置。

　　而在確定位置後的未知點，又能當作新的基準點來利用。為了製作正確的日本地圖，從明治時代開始，以45公里左右的一邊邊長，在日本全國各地設置名為「一等三角點」的基準點。**由一等三角點連接構成的網狀圖形，則稱為「一等三角網」。**而日本列島正是由這三角網狀圖形所覆蓋。

一等三角網示意圖

一等三角點

三角形亦應用於工地

　　不知道大家是否看過作業人員在工地用三角架架起相機般的儀器，並往鏡頭窺看的場景呢？這其實是為了製作圖面，而正在進行測量。**此時常用的儀器名為「全站儀」（total station）。它能同時測量與目標之間的距離和角度，是非常方便的工具。**

　　在使用此工具時，將雷射光照射在觀測視線前方的目標物，藉由反射光可測量到目標物的距離——「斜距離」。此外，把正上方當作 0 時，還能測量與目標之間形成的上下夾角——「垂直角」。

　　從全站儀朝目標畫條水平線，便構成一直角三角形（如右圖）。此時，即可利用「垂直角－90°」求得直角三角形的其中一角。**若將此角度和斜距套用在三角函數的公式中，則可測量與目標之間的水平距離。**三角函數不論在施工或設計現場都發揮著重要功用。

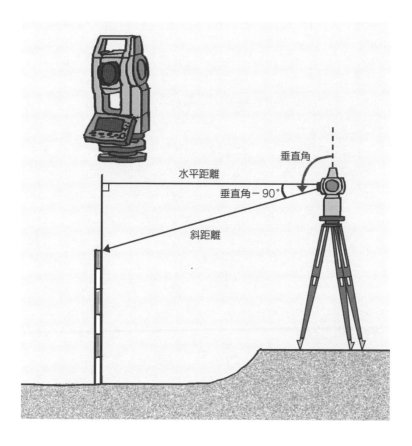

垂直角

水平距離

垂直角－90°

斜距離

4.建構波的
三角函數

在第4章中，三角函數將從直角三角形的束縛中解脫，不論是比90°大的鈍角、或是負角都能處理。此外，三角函數和「波」之間不可思議的關係也將逐漸明朗。

用圓的觀點更容易理解三角函數

坐標平面上的 x 值為 $\cos$，y 值為 $\sin$

如第33頁所示，若將直角三角形ABC的斜邊AB長固定為1，隨著角B變化，頂點A的軌跡會變成半徑為1的圓的一部分。而在右圖的坐標中，原點O是半徑為1的圓（稱為單位圓，unit circle）之中心，接下來將透過此坐標來看三角函數。

從原點O水平延伸的橫軸稱為「x 軸」、垂直延伸的縱軸稱為「y 軸」。P點 (x, y) 從 x 為1、y 為0的D點 $(1, 0)$ 在單位圓上逆時針旋轉。**當P點逆時針旋轉30°時（A點），x 值為 $\cos 30° = \dfrac{\sqrt{3}}{2}$，$y$ 值為 $\sin 30° = \dfrac{1}{2}$**。此關係在30°以外的角度也成立。

三角函數適用於任何角度

那麼，**當單位圓上的P點旋轉 θ 度時，先重新將 $\cos\theta$ 定義為P點的 x 座標，而 $\sin\theta$ 則為P點的 y 坐標**。如此一來，三角函數便從直角三角形的束縛中解脫，能應用於比90°大的鈍角或是負角等條件。

以單位圓來看三角函數

P點（x, y）位於半徑為 1 的單位圓上，當此點從D點（1，0）逆時針旋轉 θ 度時，$\cos\theta$ 和 $\sin\theta$ 將分別定義為P點的 x 坐標和 y 坐標。

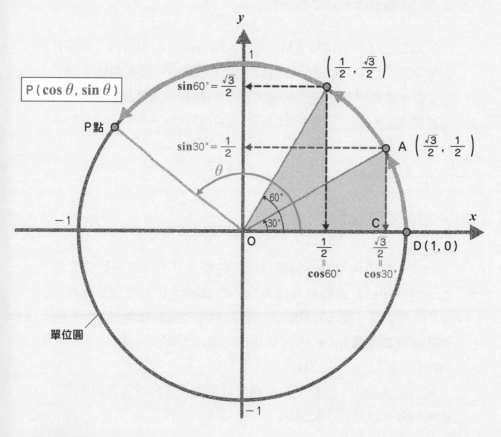

若用單位圓來看，0°～90°的限制便不存在了！

2 角度大於90°時三角函數的值如何變化？

以 y 軸為對稱軸左右翻轉

接著馬上來看當角度大於90°時的情況吧！舉例來說，假設P點從D點（1，0）逆時針旋轉150°。如圖所示，30°的點（$\frac{\sqrt{3}}{2}$，$\frac{1}{2}$）以 y 軸為中心左右翻轉後，150°的點將會與其重疊。因此P點坐標為（$-\frac{\sqrt{3}}{2}$，$\frac{1}{2}$）。由此可得 $\cos 150° = -\frac{\sqrt{3}}{2}$，$\sin 150° = \frac{1}{2}$。

以 x 軸為對稱軸上下翻轉

其次，來看角度為負的情況吧！往逆時針方向旋轉的角度為正，若往順時針方向旋轉則為負。右圖顯示 P' 點從D點旋轉 $-30°$後的情況。而30°的點以 x 軸為中心上下翻轉後，$-30°$的點正好與其重疊。此時的 P' 點坐標將變為（$\frac{\sqrt{3}}{2}$，$-\frac{1}{2}$），因此，$\cos（-30°）= \frac{\sqrt{3}}{2}$，$\sin（-30°）= -\frac{1}{2}$。

如同上述說明，若利用單位圓來看的話，便能求得大於90°的鈍角或負角之sin值與cos值。

150°和－30°的三角函數

若角度為大於90°的鈍角或負角時，要如何
取得其sin和cos值？可參考下圖所示。

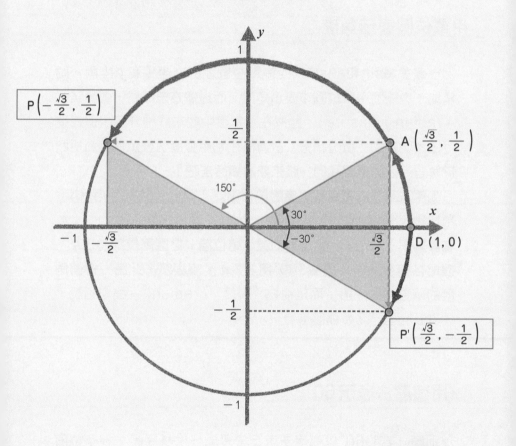

原來當角度大於90°或是負數時，
其sin或cos也有可能是負值呢！

3 利用「圓的弧長」表示角度

用單位圓表示角度

　　一般會將sin和cos值設定為單位圓上的 x 坐標和 y 坐標。同樣地，也能利用單位圓來表示角度。而這個方法就是「弧度法」（radian measure）。雖然在這本書中並未詳細介紹，但在進行三角函數的「微分積分」計算時，利用弧度法表示角度將更利於解題，因此就讓我們一起來熟悉弧度法吧！

　　弧度法就是將角度所對應的單位圓之「弧長」（arc length）用於表示角度的方法。半徑為 r 的圓之圓周長為「$2\pi r$」（π 為圓周率），所以半徑為 1 的圓（單位圓）之圓周長即為 2π。**因此在弧度法中，便將360°用「2π」來表示。**此時，這個角度的單位並非「度」而是稱為「弧度」（radian）。換句話說，「360°」即「2π弧度」。

試用弧度法表示60°

　　那麼，若將60°以弧度法表示會變成什麼樣子呢？**在單位圓中，圓心角60°時的扇形弧長為** $2\pi \times \dfrac{60°}{360°} = \dfrac{\pi}{3}$ **，因此「60°」為「$\dfrac{\pi}{3}$弧度」**；圓心角為135°時，弧長為 $2\pi \times \dfrac{135°}{360°} = \dfrac{3\pi}{4}$ ，因此「135°」則以「$\dfrac{3\pi}{4}$弧度」來表示。

弧度法的定義

在半徑為 1 的單位圓中,「圓心角=圓心角所對應的弧長」之定義即為弧度法。

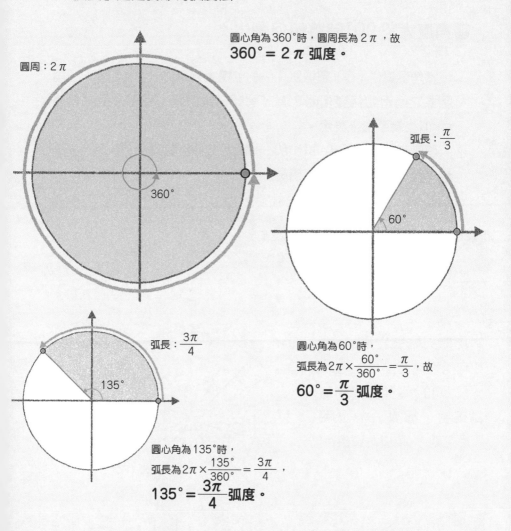

圓周:2π

圓心角為360°時,圓周長為 2π,故
360°= 2π 弧度。

360°

弧長:$\dfrac{\pi}{3}$

60°

圓心角為60°時,
弧長為$2\pi \times \dfrac{60°}{360°}=\dfrac{\pi}{3}$,故
60°= $\dfrac{\pi}{3}$ 弧度。

弧長:$\dfrac{3\pi}{4}$

135°

圓心角為135°時,
弧長為$2\pi \times \dfrac{135°}{360°}=\dfrac{3\pi}{4}$,
135°= $\dfrac{3\pi}{4}$ 弧度。

弧度法中的單位為「弧度」,一般都省略表示。按照此慣例,自下一頁起用弧度法表示角度時,將省略「弧度」一詞。

將sin值圖形化後 出現「波」！

當角度大於90°時將如何變化？

當角度從0°（O）超過90°（$\frac{\pi}{2}$）變大到360°（2π）時，三角函數之值會如何變化呢？為了解開這個謎題，接下來要試著將sin值化為圖形來表示。

首先來看函數「$y = \sin\theta$」。此式說明當角度為「θ」時，y坐標將以「$\sin\theta$」之值表示。

由sin值構成的波

利用摩天輪來表現sin值如何隨著角度變化。當 θ 介於O和 π 之間，sin值為正數；當 θ 介於 π 和 2π 之間，sin值為負數。

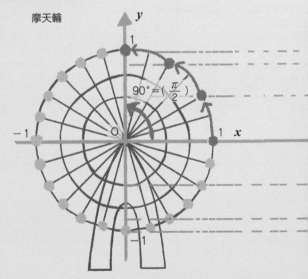

摩天輪

從側面看摩天輪座艙

接著把圓想像成一座摩天輪吧！左下圖為摩天輪的座艙從起點（1，0）旋轉至90°（$\frac{\pi}{2}$）的狀態。$\sin\theta$ 以單位圓上的高度（y 坐標）來表示。為了抽出垂直方向的部分，從側面來觀察這個座艙。在圓周上旋轉的座艙，其左右移動方向消失，變成只重複著上升下降的垂直移動。

將此垂直方向的高度（y）作為縱軸，旋轉角度（θ）作為橫軸，就能把「$y=\sin\theta$」轉換為圖形。**如此一來，摩天輪每旋轉一圈（2π），就會出現重複一峰一谷起伏的「波」。**我們將此稱為「正弦曲線」（sine curve）。

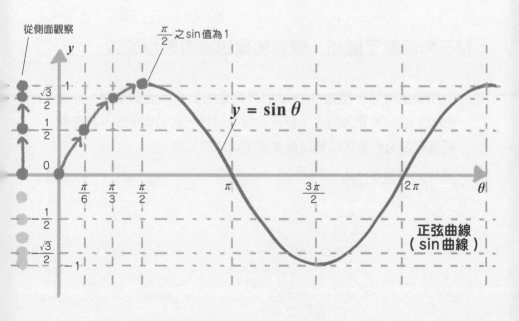

從側面觀察

$\frac{\pi}{2}$ 之sin值為1

$y = \sin\theta$

正弦曲線
（sin曲線）

5 cos的圖形果然也是「波」！

相差90°的相同形狀曲線

關於cos值的變化，即「$y=\cos\theta$」的圖形，同樣用摩天輪為例子來觀察吧！cos值以單位圓上的 x 坐標表示。為了更容易了解 x 坐標值的變化，讓我們從上方來看摩天輪吧！（右圖）

把 x 坐標值轉換為圖形時，便可知餘弦曲線（cosine curve）和正弦曲線相同，由每 2π 為一週期的波構成。**而且若再對照第107頁的正弦曲線，則可知餘弦曲線是和其相差90°的相同形狀曲線。**

藉三角函數了解光、聲音和電磁波等類型的波

由以上所述，可知sin和cos其實是用於表示波的函數。在我們的生活中，充滿著光、聲音和電磁波等各式各樣的波。**為了闡明這些波的性質，三角函數是不可或缺的工具。**

波的形狀一模一樣

利用摩天輪來表現cos
值如何隨著角度變化。
可知 $y = \cos\theta$ 是和 $y = \sin\theta$ 相差90°（$\frac{\pi}{2}$）的
曲線。

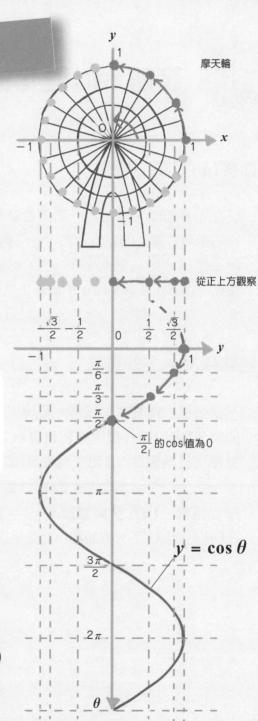

摩天輪

從正上方觀察

$\frac{\pi}{2}$ 的cos值為0

$y = \cos\theta$

餘弦曲線
（cos曲線）

畫出來的cos圖形
也是和sin相似的
波喵！

109

了解 tan 變化的要訣

觀察 tan θ 值的變化

在本章節中，讓我們一起來看看關於 tan 值的變化吧！假設右圖單位圓上的點為 P 點，在三角形 OPC 中，可得 **tan θ** $= \frac{對邊}{鄰邊} = \frac{CP}{OC}$。然而，OP 和 OC 都會隨著 θ 角而改變，若以按照上述方式來看，**tan θ** 的變化將會有點複雜。

關鍵為 $x = 1$ 的直線

在這樣的情況下，試畫一條 $x = 1$ 的直線，並針對其構成的直角 OP'D 進行思考。P' 是直線 OP 延長後與直線 $x = 1$ 的交點。三角形 OP'D 和三角形 OPC 相似，因此可得 **tan θ** $= \frac{CP}{OC} = \frac{DP'}{OD}$。OD 的長度為 1，因此 **tan θ** $= \frac{DP'}{1} = DP'$。換句話說，**tan θ 與直線 $x = 1$、直線 OP 之交點的 y 坐標（DP'）相等**。下一頁將利用此結果來繪製 **tan θ** 的圖形。

試畫 $x = 1$ 的直線

當單位圓上的P點從D點（1，0）逆時針旋轉 θ 度時，
$\tan \theta$ 會與直線 $x = 1$、直線OP之交點的 y 坐標相等。

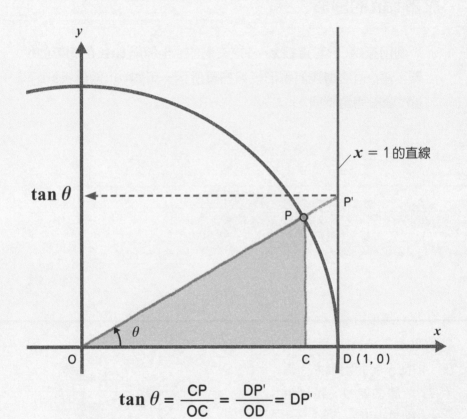

$$\tan \theta = \frac{CP}{OC} = \frac{DP'}{OD} = DP'$$

tan 值與點 P' 的 y 坐標相等，
這是了解 tan 變化的重點喔！

111

7 神奇的 tan 圖形

試畫 tan 的圖形

利用直線OP和直線 $x = 1$ 之交點的 y 坐標與 $\tan \theta$ 相等的性質，將tan值轉換為圖形後如右頁所示。**可知tan圖形與sin、cos圖形完全不同。**

tan 的圖形

當 θ 從0越接近 $\dfrac{\pi}{2}$，tan值亦越趨近於 $+\infty$。超過 $\dfrac{\pi}{2}$ 後，則從 $-\infty$ 開始增大。當 θ 為 π 時值為0，越接近 $\dfrac{3\pi}{2}$，則越趨近 $+\infty$。

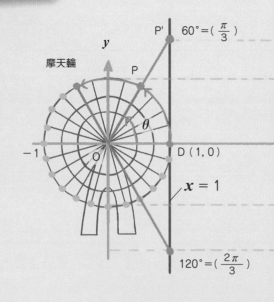

由 0 至∞，由－∞至 0

當 θ 為0，tan值亦為0。由此開始，隨著角度變大，tan值亦跟著增大。越接近 $\frac{\pi}{2}$（90°），tan值也越趨近無限大（＋∞）。然而當 θ 為 $\frac{\pi}{2}$ 時，直線OP不論延伸多長都不會與直線 $x=1$ 相交，因此無法定義tan（ $\frac{\pi}{2}$ ）之值。

而當 θ 超過 $\frac{\pi}{2}$ 後，tan值便從負無限大（－∞）開始再繼續增加；當 θ 為 π 時，又再次回到0。故形成下列所示的tan圖形。

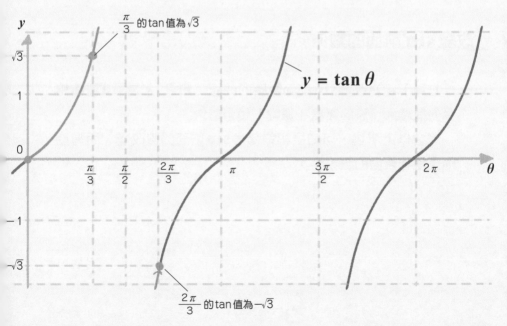

8 改變三角函數則波的高度及週期隨之變化

改變 sin 後面的數時

看完三角函數的曲線圖後，接著來觀察加上些許變化的三角函數曲線。

首先來觀察改變 sin 後面數值時的曲線（圖 1）吧！「$y=\sin x$」以「2π」為一週期出現相同的形狀。然而，和「$y=\sin 2x$」相比，「$y=\sin x$」的週期變為 $\frac{1}{2}$ 倍，「$y=\sin 3x$」則變為 $\frac{1}{3}$ 倍。**換句話說，由以上結果可知當 sin 後面與 x 相乘的數越大，週期也會越短（波的水平方向的寬度變窄）。**

改變 sin 前面的數時

右頁下圖為改變 sin 前面數時的曲線（圖 2）。**當 sin 前面相乘的數越大，波的高度（振幅）也會越大。**

綜合以上所述，可知振幅會隨著 sin 前面的數改變，而週期則是隨著後面的數改變。

波的形狀產生變化

隨著 **sin** 後面的數越大，波的水平方向的寬度也越窄（1）。

隨著 **sin**x 前面的數越大，波的高度也越高（2）。

1.「$y = \sin x$」的週期產生變化

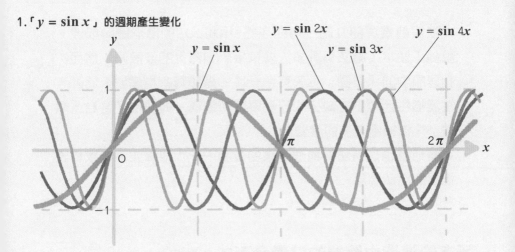

2.「$y = \sin x$」的高度（振幅）產生變化

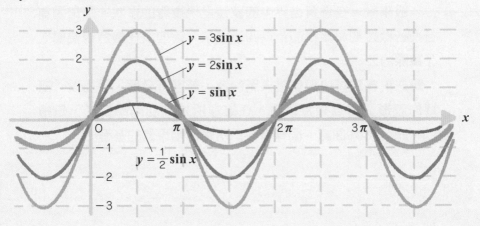

9 充斥生活周遭的「波」

光、聲音和電波皆是「波」

根據前幾頁的介紹，可知能將sin和cos的圖形繪製成波。說到「波」，應該有許多人會直接想到海上的波浪吧！然而，物理學中的「波動」不只有這一項。**光和聲音也是波。此外，在我們生活中不可缺少的行動電話和電視，即利用了名為「電波」（無線電波）的波動。**

而地震也是指隨著地底而來的波動──「地震波」導致地表搖晃的自然現象。

所有的波皆由簡單的波疊合而成

一般來說，在現實世界中的波皆呈現複雜的形狀。那是因為各種各樣週期和振幅的波從四方而來，這些波在疊合後便構成了實際的波。

反之，在現實中即使是複雜的波，若進行分解，便能以「簡單的波形」相互疊合來看。在這裡所提到的簡單波形，是指sin曲線和cos曲線。簡單波形是所有波動現象的基礎。

日常生活中的波

在日常生活中，有聲波、光波、無線電波、海浪及地震波等各式各樣的波。為了有效利用和分析這些波，三角函數被廣泛運用於各領域中。

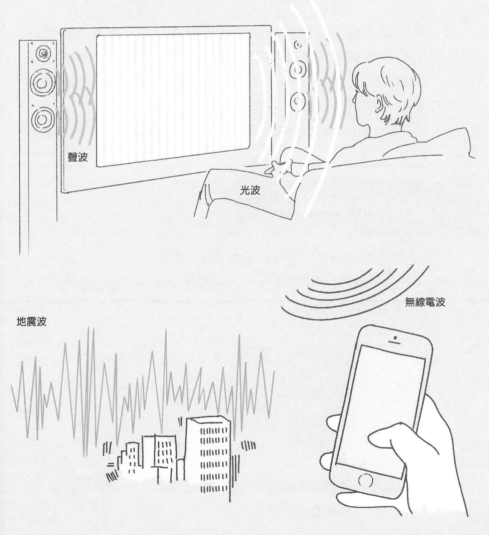

聲波

光波

地震波

無線電波

以「傅立葉轉換」將複雜波變成簡單波

分解成 sin 波和 cos 波

　　前一頁所說「將複雜的波分解成簡單的波」到底是什麼意思呢？本章節中將探討法國數學家兼物理學家的傅立葉（Joseph Fourier，1768～1830）所提出的概念（關於傅立葉的介紹在第122～123頁）。

　　比如說，由人或樂器的聲音所產生的「複雜波」，在數學當

傅立葉轉換的示意圖

　　右圖的左下角為複雜波。而整理構成複雜波的簡單波，並求出各個組成要素的大小（波的振幅大小），這就是傅立葉轉換過程的概念。

「傅立葉轉換」的公式

$$F(k) = \frac{1}{\sqrt{2\pi}} \int_{-\infty}^{\infty} f(x) e^{-ikx} dx$$

雖然公式很難，但還是希望大家記得「傅立葉轉換」的概念汪！

中會被視為「某函數的圖形」。**傅立葉主張「所有的函數，都能用『無限疊合各種sin和cos而成的式子』來表示」**。換句話說，所謂的「將複雜波分解成簡單波」，意指分解成sin波和cos波。

運用傅立葉轉換分析波的特徵

如同上述，**在將複雜波分解成簡單波之際所用的數學方法即稱為「傅立葉轉換」（Fourier transform）**。而使用傅立葉轉換研究原本的函數性質，或運用傅立葉轉換分析波的特徵，則稱為「傅立葉分析」（Fourier analysis）。

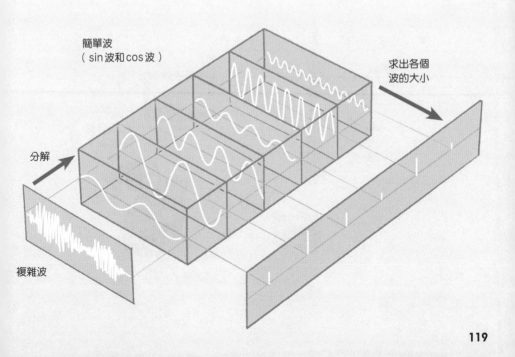

簡單波
（sin波和cos波）

求出各個
波的大小

分解

複雜波

119

支撐日常生活的傅立葉分析

傅立葉分析在分析包含聲音、圖像和影像的資訊時，發揮了很重要的功用。舉例來說，AM廣播的天線會接收各種電波，再單獨挑出由廣播電台發出的電波後，將其轉換為聲音。**想要了解上述AM廣播的結構，就必須擁有傅立葉分析的概念。**傅立葉分析在廣播和電視、行動電話的通話或Wi-Fi等無線區域網路方面，都有著優異的表現。

最近智慧型手機或智慧型揚聲器等裝置能聽取人類對

話的「語音辨識技術」不斷地進步。**人類的聲波雖然複雜，但透過傅立葉分析仍然可以正確讀取。**

　　此外，帶來嚴重災害的地震，就是由震源產生的振動（加速度的變化）以波（地震波）的形式傳遞至四面八方的現象。**研究人員針對地震波進行傅立葉分析，並解析容易使建築物搖晃的頻率成分。**

X
震源

解析複雜波的技術是非常重要的喵！

原來傅立葉是這種人！

　　因傅立葉分析而留名後世的傅立葉在1768年誕生於法國歐塞爾的小鎮。**雖然自幼父母雙亡成為孤兒，但根據收養他的主教描述，他進入陸軍幼年學校就讀，並充分發揮優異的數學才能。**

　　1789年傅立葉將滿21歲之際，發生了法國革命，國內局勢非常混亂。而平息這場混亂的，正是日後的皇帝拿破崙一世（Napoléon Bonaparte，1769～1821）。拿破崙在率領法國軍隊遠征埃及時讓科學家同行，傅立葉也在其中。因為這趟遠征，坊間留下了傅立葉包著繃帶過「木乃伊生活」的奇聞軼事。

　　從埃及回國後，傅立葉成了省長。**而在他利用工作空檔進行研究，埋頭於鑽研熱傳導時，才發現到「不論是什麼樣的函數，都能以各種sin和cos無限疊合而成的式子來表現」。**

用繃帶過健康生活？

▽生活中的三角形

百慕達三角

連接美國佛羅里達半島、波多黎各和百慕達群島的三角形海域，稱為「百慕達三角」。**自古以來就流傳著船隻或飛機在這裡經常發生離奇事件的謠言，因而出現了「魔鬼三角」的稱號。**

根據傳說，1918年美國海軍運輸船闖入此海域而音訊全無；1945年美國 5 台戰鬥機的駕駛員因失去方向感而失蹤；1963年美國空軍的大型運輸機也在附近海域失去蹤跡……。此外還留下了其他許多船隻或飛機消失的傳聞。

然而根據美國國家海洋暨大氣總署指出，一般認為多數事故是由於天候不良和人為疏失所造成的。而且和其他海域相比，在百慕達三角發生遇難事件的次數，並不算特別多。

百慕達群島

佛羅里達半島

百慕達三角

加勒比海

波多黎各

Galileo
觀念伽利略02　118種元素全解析

週期表

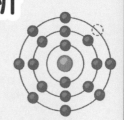

2021 年 8 月出版／定價：320 元／翻譯：林筑茵／
ISBN：978-986-461-254-3

　　從門得列夫於1869年發布週期表至今，大約過了150年，週期表填上了許多新的元素，但仍無出其右，可見門得列夫為此奠立了相當厚實的基礎。而想要學好化學，就要先了解化學的根本——元素的特性。本書先介紹週期表的由來，以及原子的構造等基礎知識，先讓讀者了解怎麼解讀週期表後，再依序介紹每個元素的特徵及用途，週期表不再只是冷冰冰的數字與符號，而可以實際感受到，化學就在我們生活周遭。

　　本書穿插四格漫畫及插圖，以輕鬆的方式讓學生能輕鬆入本，一起來快樂學118種元素吧！

一起來學週期表吧！

Galileo
觀念伽利略03 **完整數的世界**

虛數

2021 年 9 月出版／定價：320 元／翻譯：林園芝／
ISBN：978-986-461-257-4

　　虛數是個相當抽象的觀念，這從它的英文imaginary number就可以「想像」。虛數正是「想像出來的數」，用 i 來代表，定義是（－1）的平方根。也就是說，虛數的平方是負數，這跟一般「負負得正」的概念是相反的。

　　但是在量子世界想要觀測微觀世界，就要用到虛數計算；而在天文領域想要探究宇宙初始的大謎題，也會討論到虛數時間。本書著重以文字來解釋虛數，搭配情境題目，與讀者一起驗證虛數被大眾承認的過程，建立清楚的觀念吧！

原來虛數
這麼神奇啊！

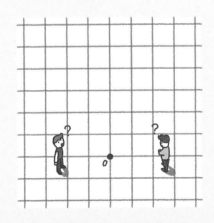

【 觀念伽利略 04 】

三角函數
正弦、餘弦、正切

作者／日本Newton Press
編輯顧問／吳家恆
特約主編／王原賢
翻譯／林園芝
編輯／林庭安
商標設計／吉松薛爾
發行人／周元白
出版者／人人出版股份有限公司
地址／231028 新北市新店區寶橋路235巷6弄6號7樓
電話／（02）2918-3366（代表號）
傳真／（02）2914-0000
網址／www.jjp.com.tw
郵政劃撥帳號／16402311 人人出版股份有限公司
製版印刷／長城製版印刷股份有限公司
電話／（02）2918-3366（代表號）
經銷商／聯合發行股份有限公司
電話／（02）2917-8022
第一版第一刷／2021年9月
定價／新台幣320元
　　　港幣107元

國家圖書館出版品預行編目（CIP）資料

三角函數：正弦、餘弦、正切 /
日本Newton Press作；林園芝翻譯. -- 第一版. --
新北市：人人出版股份有限公司, 2021.09
面；　公分. —（觀念伽利略；4）
譯自：三角関数：今度こそわかる! 絶対わかる!
三角関数が9時間で本当にわかる!!
ISBN 978-986-461-259-8（平裝）
1.數學教育 2.三角函數 3.中等教育

524.32　　　　　　　　　　　110013088

NEWTON SHIKI CHO ZUKAI SAIKYO NI
OMOSHIROI !! SANKAKU KANSU
© Newton Press 2019
Chinese translation rights in complex
characters arranged with Newton Press
through Japan UNI Agency, Inc., Tokyo
Chinese translation copyright © 2021 by Jen
Jen Publishing Co., Ltd.
www.newtonpress.co.jp

Staff

Editorial Management	木村直之
Editorial Staff	井手 亮
Cover Design	宮川愛理
Editorial Cooperation	株式会社 美和企画（大塚健太郎, 笹原依子）・遠藤則男・黒出健治

Illustration

9	吉増麻里子	49	Newton Press, 羽田野乃花	89	羽田野乃花
13	Newton Press, 羽田野乃花	51	羽田野乃花	91	羽田野乃花
14~15	Newton Press, 羽田野乃花	53	羽田野乃花	93	羽田野乃花
16~17	Newton Press, 羽田野乃花	55	Newton Press, 羽田野乃花	95	吉増麻里子
19	Newton Press, 羽田野乃花	56~58	羽田野乃花	97	吉増麻里子
21	羽田野乃花	61	Newton Press, 吉増麻里子	101	Newton Press, 吉増麻里子
23	羽田野乃花	63	Newton Press, 吉増麻里子	103	Newton Press, 吉増麻里子
25	羽田野乃花	65	Newton Press, 吉増麻里子	105	Newton Press, 吉増麻里子
26	羽田野乃花	67	Newton Press, 羽田野乃花	106-107	Newton Press, 羽田野乃花
29	Newton Press, 羽田野乃花	69	Newton Press, 吉増麻里子	109	Newton Press, 羽田野乃花
31	Newton Press, 羽田野乃花	71	羽田野乃花	111	Newton Press, 吉増麻里子
33	Newton Press, 羽田野乃花	73	羽田野乃花	112-113	Newton Press, 羽田野乃花
35	羽田野乃花	75	Newton Press, 吉増麻里子	115	Newton Press, 羽田野乃花
37	羽田野乃花	77	Newton Press, 吉増麻里子	117	Newton Press, 羽田野乃花
39	Newton Press, 羽田野乃花	79	Newton Press, 吉増麻里子	118-119	Newton Press, 羽田野乃花
41	Newton Press, 羽田野乃花	81	Newton Press, 吉増麻里子	120~121	吉増麻里子
43	羽田野乃花	83	Newton Press, 吉増麻里子	123	羽田野乃花
45	羽田野乃花	85	Newton Press, 吉増麻里子	125	吉増麻里子
47	Newton Press, 羽田野乃花	87	羽田野乃花		